L'ART MONUMENTAL
STYLE BYZANTIN.

L. CLOQUET. — TRACTS ARTISTIQUES. — N° VI.

L'ART MONUMENTAL
STYLE BYZANTIN.

Société Saint-Augustin, Desclée, De Brouwer & Cie

BIBLIOGRAPHIE.

Ducange, *Constantinopolis Christiana*, 1680.

Ciampini, *De sacris artificiis a Constantino Magno constructis.* Rome, 1693.

L. Haghe, *Agia Soffia, Constantinople, as recently restored.* Londres, 1852.

G. Passati, *Descript. hist. de la Mosquée de Sainte-Sophie.* In-fol. Londres, 1852.

Ch. Texier et Popplewel, *Architecture byzantine.* In-fol. Londres-Day, 1864.

Kondakoff, *Histoire de l'art byzantin.* Paris, 1900. — *Les églises byzantines de Constantinople.* Odessa, 1886.

L. Gayet et Ch. Evrard, *L'art byzantin, son architecture et sa décoration.* In-fol°. Venise.

Bayet, *L'art byzantin.* In-8°. Paris, Quantin.

» *Recherches sur l'histoire de la peinture et de la sculpture en Orient*, 1879.

Duchesne et Bayet, *Mission en Macédoine.*

Choisy, *L'art de bâtir chez les Byzantins.* Paris, 1882.

Ch. Diehl, *Études byzantines.* In-8°. Paris, Picard, 1905.

» *La civilisation byzantine au VIe siècle : Athènes et la fin du paganisme. — Ravenne. L'art byzantin au VIe siècle.* (*Bull. hebd. des conférences*, 1895.)

» *L'art byzantin dans l'Italie méridionale.* Paris, 1894.

» *Justinien et la civilisation byzantine au VIe siècle.* (*Revue historique*, 1896.) In-4°. Paris, 1901.

» *Ravenne (collection de villes d'art célèbres).* Paris, Renouard, 1903.

» *Ravenne. Étude d'archéologie byzantine.* In-4°. Paris, 1886.

A. Essenwein, *Christlicher und Byzantinische Kirchenbau.* Darmstad, 1890.

Le Tourneau, *Études sur les églises byzantines.* Paris, 1904. — *La ville d'Arta* (Épire), 1905.

Hubsch (trad. de Guerber), *Monuments de l'architecture chrétienne depuis Constantin jusqu'à Charlemagne.* Paris, 1866.

W.-R. Lethaby, *Medieval art from the peace of the Church, etc.* Londres, Duckwort, 1904.

Kahn, *Ravenna*, 1869.

Quast, *Die Altchristliche Bauwerke von Ravenna*, 1869.

Couchaud, *Choix d'églises byzantines*, 1842.

G. Schlumberger, *Mélanges d'archéologie byzantine.*

» *L'épopée byzantine*, 1895. In-8°. Paris, Leroux.

Unger, *Quellen der Byzantinischer Kunstgeschichte.* Vienne, 1878.

Salzenberg, *Alt-Christliche Baudenkmale von Constantinople.* Berlin, 1854.

Ongania, *L'art byzantin-italien. Collection des modèles d'ornements.* Venise.

D. Pulgher, *Les anciennes églises byzantines de Constantinople.* Vienne, 1880.

A. Gosset, *Les coupoles d'Orient et d'Occident.* In-4°. Paris, libr. centr. des Beaux Arts.

G. Millet, *Monuments de l'art byzantin.* I, *Monastère de Daphni*, II. *Monuments de Mistra et d'Athos.* In-4°, Paris, Leroux.

» *Les églises byzantines à Domes.* (V. *Revue de l'architecture*, 1905.)

A. Michel, *L'art byzantin* dans *l'Histoire de l'art*. Paris, Colon, 1905.

Strzygowski, *Orient oder Rome*, Leipzig, 1901. — *Byzantinische Denkmaler*, — *Klein Asien en Neuland der Kunstgeschichte*, Leipzig, 1903.

J. Labarte, *Le palais impérial de Constantinople. — Sainte-Sophie, le forum Augustaeon et l'Hippodrome, au Xe siècle*. Paris, Didron, 1861.

H. Barth, *Constantinople*. (Coll. des *Villes d'art célèbres*.) Paris, Renouard, 1903.

Brunet de Presle, *La Grèce depuis la conquête romaine*.

Barbier et Meynard, *Les châteaux des Croisés en Syrie*, 1897.

Melch. de Voguë, *L'archit. civ. et relig. du Ier au VIIe siècle dans la Syrie centrale*, 1860.

» *Les Églises de la Terre Sainte*, 1860.

G. Rey, *Études sur les monuments militaires des Croisés en Syrie*. Paris, Imp. nat., 1871.

G. Lowthian-Bell, *Notes on a journey through Cilicia and Lycaonia*. (*Revue archéologique*, 1906).

Laurent, *Les églises du Péloponèse* (*Monuments Piot*, 1902).

Perdrizet, *Les églises de la Thrace* (*Monuments Piot*, 1902).

Collection des monuments de l'art byzantin, publiés sous la direction de MM. Schlumberger et Millet.

— L'ART MONUMENTAL BYZANTIN. —

STYLE BYZANTIN.

COUP D'ŒIL D'ENSEMBLE.

L'empereur Constantin transporta vers l'an 330 son gouvernement sur les rives du Bosphore et fonda la capitale, qui porte encore son nom et qui a remplacé l'antique Byzance. Celle-ci était destinée à être le centre de la civilisation chrétienne et de l'art qui, dans le monde romain, succède à l'hellénisme. De Constantin à Justinien, une lente élaboration combina les éléments de cet art, formé des traditions romaines rajeunies par les procédés orientaux. Celui-ci atteignit son apogée au VIe siècle sous l'empereur Justinien, dont le règne fut marqué par des travaux d'utilité publique considérables et par l'érection de monuments superbes ; Procope leur a consacré un ouvrage en six livres. Parmi ceux qui subsistent il faut citer les citernes de Constantinople et sa triple enceinte; d'autre part les églises de Saint-Serge et de Sainte-Irène à Constantinople, le monastère du Sinaï, les églises de Saint-Démétrius (1) et de Sainte-Sophie de Salonique, et par-dessus tout la merveille de Sainte-Sophie de Constantinople.

Le règne de Justinien marque le moment où l'art a trouvé sa formule nouvelle et définitive ; où, comme l'a dit M. Choisy (2), « toutes les méthodes de construction sont fixées, tous les types d'édifices se sont produits... Le plan polygonal, indiqué dans les écrits d'Eusèbe et de Grégoire de Nazianze, se renouvelle à Saint-Serge et à Saint-Vital ; le plan en basilique se retrouve à l'église de la Mère de Dieu à Jérusalem ; le plan en croix à cinq coupoles apparaît lors de la construction de l'église des Saints-Apôtres ; la belle disposition de Sainte-Sophie de Constantinople se révèle ; et enfin Sainte-Sophie de Salonique nous offre le type de ces églises

---

1. V. Le Tourneau, *Relevé de l'église de St-Démétrius de Salonique.* Paris, 1904.

2. V. Choisy, *L'Art de bâtir chez les Byzantins.* — V. Diehl, *Études byzantines,* p. 160.

à coupole centrale, dont toutes celles de l'Athos et de la Grèce ne sont que des variations. »

Après Justinien la querelle des iconoclastes ralentit et troubla le développement de l'art byzantin. Mais les empereurs à partir de Théophile (829-842) provoquèrent, du milieu du IXe à la fin du XIe siècle, une renaissance, dont malheureusement on n'a conservé que quelques monuments de second ordre, tels que l'église de Saint-Théodore Tiron (Xe siècle), Pantocrator, l'église des Saints Apôtres de Salonique et celle de Daphni près d'Athènes ([1]).

La prise de Constantinople par les Croisés (1204) porta le coup de mort à la civilisation de l'empire d'Orient. Son art continua à briller dans ses produits purement décoratifs, mais en architecture son développement fut interrompu, pour ne reprendre son évolution que sous l'Islam.

ORIGINES ORIENTALES.

Les monuments orientaux offrent des ressemblances frappantes avec ceux d'Occident à l'époque romane: la suppression de l'atrium, l'emploi du presbytérium devant l'abside, l'établissement d'un porche flanqué de deux avant-corps en forme de tours, l'emploi de la voûte, l'usage de piliers cantonnés de colonnes engagées et de larges arcades, la fréquence de baies géminées sous une arcade maîtresse, se retrouvent en Syrie et en Anatolie ([2]) comme en Gaule. Viollet-le-Duc et M. de Voguë ont expliqué ces analogies par les croisades. Selon M. Strzygowski, c'est dès le Ve siècle que ces formes passèrent en Occident, par le canal de Ravenne, de Milan ou de Marseille, qui étaient en rapport avec l'Asie Mineure. C'était aussi la pensée de L. Courajod. M. Enlart estime que ces analogies peuvent s'expliquer en grande partie, en dehors de toute imitation, par l'identité des programmes aboutissant à une même solution, dans des conditions de milieu analogues (?).

Influences asiatiques.

Byzance hérita des vieilles civilisations orientales, dont la Perse sassanide avait recueilli et en quelque sorte condensé les procédés architectoniques.

1. V. Ch. Diehl, *Études byzantines*, p. 165.
2. L'ancienne Asie-Mineure.

Plus tard, l'art arabe se combina avec l'art byzantin (1).

Les palais de Firouz-Abad et de Sarvistan (IIIe siècle) ont de vastes salles couvertes de coupoles sur encorbellement. Le palais de Ctésiphon et d'autres monuments de la Perse aux VIe et VIIe siècles offrent des exemples des mêmes procédés.

La Syrie avait hérité des méthodes sassanides. M. Melch. de Voguë et, après lui, M. Strzygowski (2) ont démontré le rôle prépondérant de la Syrie dans la formation de l'art chrétien ; ce dernier archéologue étend le rôle à l'Asie-Mineure.

Des études récentes des monuments chrétiens de l'Anatolie, notamment les explorations de MM. Smirnov et Crowfort (3), ont ajouté des notions nouvelles aux données fournies par les travaux de M. de Voguë.

M. Strzygowski pense que plusieurs des nombreuses églises de l'Asie-Mineure datent d'une époque, sinon préconstantinienne, du moins comprise entre Constantin et Justinien, et il va jusqu'à avancer que ce n'est pas à Rome, mais en Asie, qu'il faut chercher le type primordial du temple chrétien (4).

On constate en Asie-Mineure quatre types spéciaux, en sus de la basilique hellénistique couverte en charpente, et précédée du narthex ou même de l'atrium, qui se retrouve sur les côtes.

a) Des basiliques tout en pierre, voûtées, précédées non d'un atrium, mais d'un vestibule ouvert entre deux tours, à abside isolée, avec arcades en fer à cheval (exemples à Bin-Bir-Kilissé). analogues d'ailleurs à ce qu'on trouve en Tunisie.

b) Des édifices de forme octogonale à coupole, existant dès le IVe siècle (Bin-Bir-Kilissé, Wiranschehr).

c) Des basiliques à coupole, à nef longitudinale, avec bas-côtés à

1. M. Euting, professeur à l'université de Strasbourg, a découvert dans le pays de Moab le palais de Méchatta, construit par un prince de la dynastie des Ghassanides, qui serait le premier monument byzantin combiné avec l'art arabe. Sa décoration est d'une extrême finesse et d'un grand charme. (*V. Bulletin archéologique du Comité des travaux historiques*, année 1903, 3e liv.)

2. V. Strzygowski, *Communication au Congrès des Orientalistes en 1897*. — *Orient oder Rom.* — V. aussi G. Lowthian-Bell, sur la *Cilicie et la Lycaonie.* (*Revue archéologique*, t. VII, VIII et IX).

3. Recherches de Crowfort, de la *Société scientifique* de Prague, de l'expédition allemande, de l'expédition américaine de A. C. Butler.

4. V. W. R. Lethaby, *L'art du moyen âge.* — Ch. Bayet, *L'art byzantin*, p. 11. — V. prof. Maere, *Revue d'histoire ecclésiastique*, livraison d'octobre 1906.

tribune (Kodja-Kilissé, Adalia). Sainte-Sophie de Salonique se rapporte à ce type.

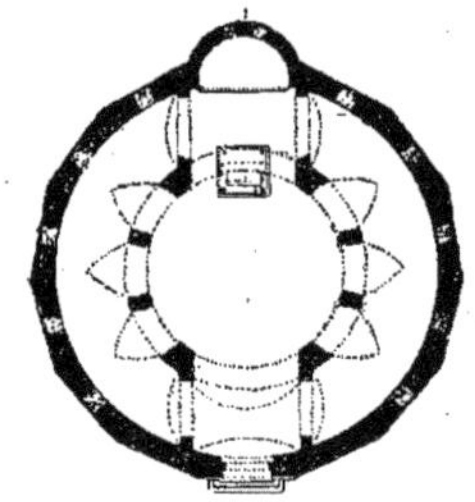

Derbe-Bin-Bir-Kilissé, d'après Hubsch.

d) Des églises en croix grecque inscrite dans un rectangle avec coupole à la croisée (mosquée de Firsandyn, ancienne église chrétienne en ruines de Tschauly-Kilissé).

Selon M. Dhiel [1], il ne paraît pas démontré que ces différents types ont passé de l'Asie-Mineure à Byzance. Le centre de l'empire d'Occident prit à un certain moment la direction de l'art, et il a pu y avoir réciprocité dans les influences. Toujours est-il que l'Asie-Mineure a joué un rôle originel important. Les savants sont d'accord pour reconnaître, que les systèmes d'architecture particuliers aux trois régions les plus importantes de l'Orient hellénistiques (Égypte, Syrie, Asie-Mineure), se rencontrent à Constantinople pour former la nouvelle architecture qu'on appelle byzantine.

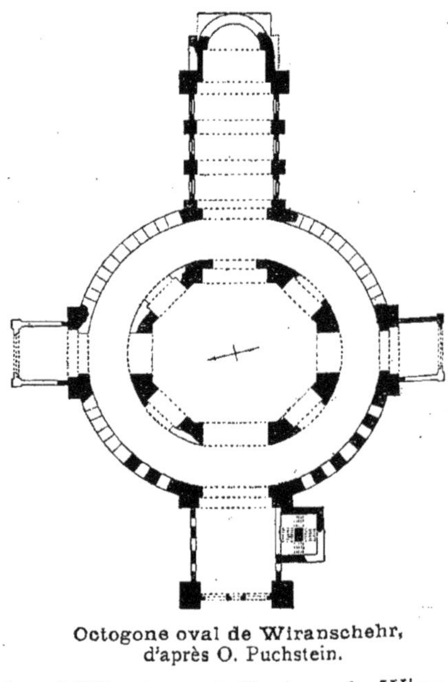

Octogone oval de Wiranschehr, d'après O. Puchstein.

Quoi qu'il en soit, on a trouvé en Anatolie des basiliques en pierre d'un type original, conformes aux indications données au IVe siècle par une lettre de Grégoire de Nysse. Ce sont des édifices à plan octogonal, à bas-côtés ronds surmontés parfois d'une tribune, couronnés d'une coupole sur tambour. Les plus anciens sont les octogones de Binbir-Kilissé (nom qui signifie les *Mille et une églises*) et de Wiran-

1. Ch. Diehl, *Études byzantines*, Paris, Picard, 1905.

schehr. Ce dernier édifice est précédé d'un portail, et devant son abside est interposé un chœur profond. Ainsi plusieurs de ces églises se rapprochent du plan basilical. Remarquons, avec M. Diehl,

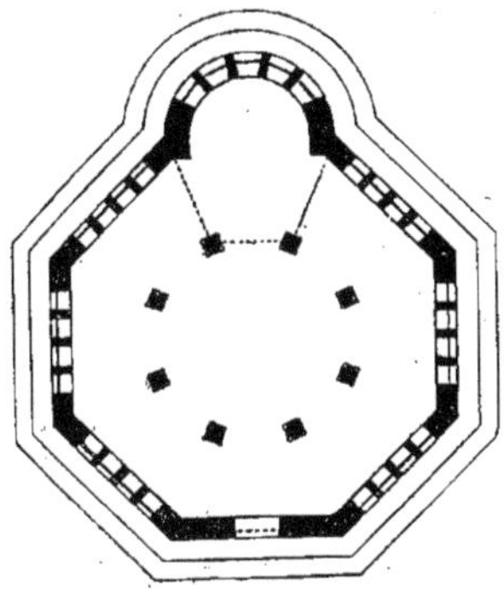

Octogone d'Isaure, d'après Fritz Knoll.

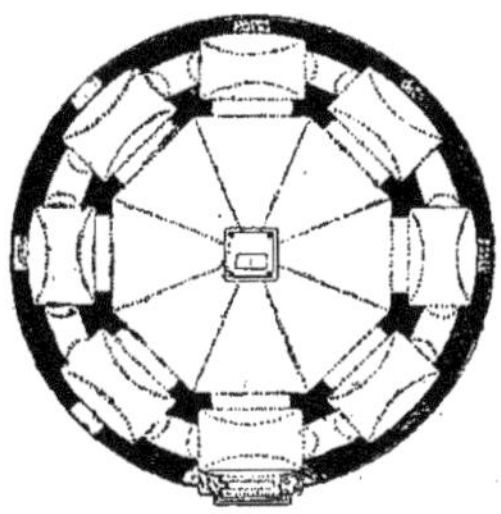

Octogone d'Hiérapolis, d'après Hubsch.

que le dispositif est précisément celui du mausolée de Dioclétien, devenu la cathédrale de Spalato. Ce type de rotondes se retrouve

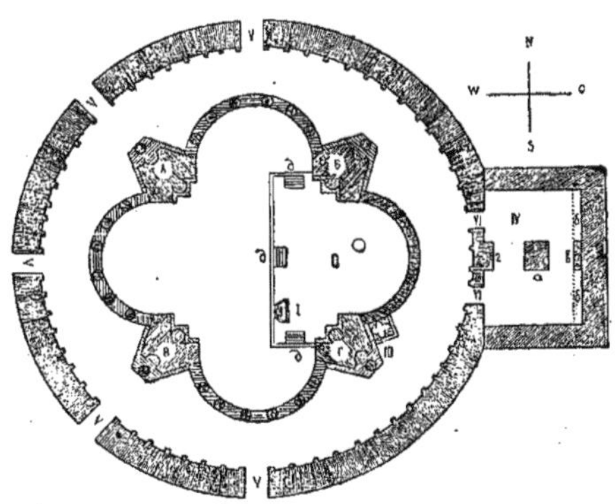

Église de Saint-Grégoire d'Etschmiadsin, d'après M. Strzygowski.

plus tard dans le martyrion d'Isaure (dénué de tribune) et dans l'octogone d'Hiérapolis. Le plan se développe d'une manière curieuse dans l'église Saint-Grégoire d'Etschmiadsin, bâtie en 650.

Nous reviendrons sur ces dispositifs remarquables, comportant des hémicycles à arcades, et qui semblent apparentés aux octogones de Ravenne et d'Aix-la-Chapelle, à la cathédrale de Bosra, etc.

A côté de ce type se présente celui en croix grecque inscrite dans un rectangle, avec coupole sur la croix, dont l'église patriarcale d'Etschmiadsin fournit un exemple typique, et dont les prototypes en Anatolie se voient dans les ruines de Tschauly-Kilissé, et à la mosquée de Firsandyn. Au même type se rapporte Saint-Georges d'Ezra en Syrie, dont nous reparlerons.

Influences syriennes.

La Syrie, où la vie chrétienne s'était développée dès l'origine, était au IVe siècle un foyer artistique dont le rayonnement s'étendit jusque sur l'Europe. Les travaux de MM. Melchior de Voguë et Duthoit ont mis en évidence son influence sur la formation du style byzantin et roman.

Prétoire de Mousmieh.
Vue intérieure, d'après A. Corroyer.

Ce pays, devenu de bonne heure une province romaine, était couvert de monuments romains construits en belles pierres remarquablement appareillées. Le *prétoire de Mousmieh*, bâti vers l'an 160 par Marc-Aurèle et malheureusement détruit de nos jours, témoignait des ressources nouvelles que les Syriens surent tirer des données classiques : il offrait déjà un système de construction extrêmement curieux, basé sur la *croix grecque*, qui va devenir une des caractéristiques du style byzantin.

Son plan offre en effet une croix à branches égales inscrite dans un carré; la croisée était couverte par une coupole quadrangulaire en arcs de cloître. Sur quatre colonnes et huit pilastres étaient bandés des arcs doubleaux portant la superstructure des croisillons; celle-ci est des plus intéressante et caractéristique des procédés syriens ; elle est formée de pseudo-berceaux constitués non par des voussoirs, mais par des dalles portant d'un doubleau au formeret : les angles du carré sont couverts de plafonds plats, et l'abside est singulièrement bien appareillée en cul de four. Nous avons ici une construction extrêmement perfectionnée pour son époque, dont toutes les charges sont admirablement réparties sur une ossature et reportées sur des points choisis.

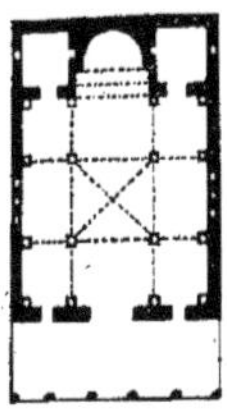

Prétoire de Mousmieh. Plan.

Dans le Haouran, partie méridionale de la Syrie qui touche au Nord de la Palestine et dont Damas était la capitale, s'élevèrent, dès la première moitié du IIe siècle, des villes entières, construites complètement en pierre. « Réduits à cette seule matière, dit M. de Voguë, les architectes surent en tirer un parti extraordinaire en satisfaisant à tous les besoins d'une civilisation avancée. Cette nécessité toute matérielle, en excitant leur savoir, leur fit trouver des principes nouveaux. Ainsi l'*arc*, seule combinaison capable de relier à l'aide de pierres deux supports éloignés, devint le principal élément de la construction; des séries d'arcs parallèles supportant les dalles du plafond servirent à couvrir la plupart des salles; quand l'espace à couvrir était trop grand pour porter la longueur des dalles ordinaires, on eut recours à la *coupole*. On conçoit les profondes modifications que l'introduction de ces éléments apporta à l'art de bâtir ; les arcs, par leur poussée, appelèrent des contreforts extérieurs destinés à en contrebalancer l'effet ; il en résulta que l'ensemble des arcs, des dalles et des contreforts forma comme une ossature qui, dans beaucoup de cas, réduisit les murs latéraux au simple rôle de cloisons de remplissage et permit de donner une grande indépendance aux diverses parties de la construction [1]. »

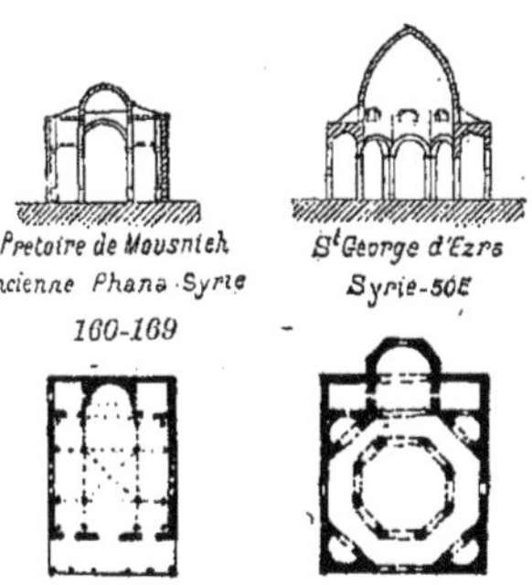

(D'après M. A. Gosset.)

1. V. de Voguë, *L'architecture civile et religieuse de la Syrie Centrale.*

La coupole [1] était en usage dans les édifices religieux dès le troisième siècle de notre ère [2]. C'est à l'Orient que la coupole, considérée comme *forme*, a été empruntée par les constructeurs byzantins. Cependant la coupole syrienne et la coupole du bas-empire byzantin diffèrent. Elles ont même aspect et leur place dans le plan est la même ; mais leur structure les distingue. Les architectes de l'Asie, ayant de grandes pierres à leur disposition, s'en sont servis pour passer du plan carré formé par les piles de support au plan circulaire de la base des coupoles, en employant de fortes dalles posées en porte-à-faux.

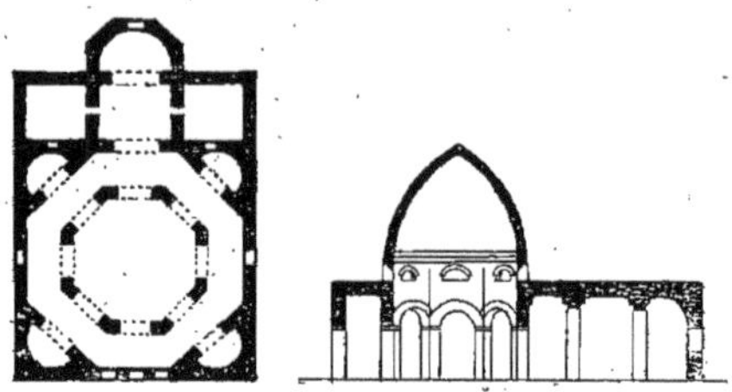

Plan. Coupe longitudinale.
Église de Saint-Georges d'Ezra en Syrie, d'après M. A. Gosset.

Basilique de Tafkha.

La coupole de *Saint-Georges d'Ezra* en Syrie (515), qui a dix mètres de diamètre, porte sur huit petits encorbellements de pierre étagés [3]. Elle couvre un octogone entouré d'un bas-côté à huit pans enfermé dans un carré, que rachètent des niches d'angle. L'abside, à cinq pans, est saillante et précédée d'un presbytérium. Sur le même plan est bâtie la cathédrale de Bosra en Idumée.

Église d'Harab-Ech-Chams (VIe siècle).

Le plan basilical se rencontre également en Syrie centrale aux curieuses églises de Tafkha et de Chaqqa [4]. Cette dernière

1. Coupole, de *cupula*, coupe (V. *Encyclopédie d'architecture*, t. V, p. 4).
2. V. E. Reusens, *Éléments d'archéologie chrétienne*, t. I, p. 25.
3. V. M. de Voguë, *ouv. cité*, t. I, p. 439, fig. 8.
4. V. Viollet-le-Duc, *Dict. rais. d'architecture*, t. IX, 481 pp. et de Voguë, *ouv. cité*, pl. XVI.

fut bâtie vers 400, sur les plans des basiliques antiques. Leur superstructure était fort curieuse. Le vaisseau, à trois nefs avec tribunes, était traversé par une

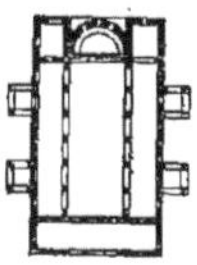

Plan de la basilique de Baquouza (VIe siècle).

série de murs percés chacun au milieu d'une grande arcade et latéralement de deux étages de petites arcades. Le plafond de la grande nef et des deux étages de collatéraux était formé de dalles (1).

Intérieur de l'église de Monchabbak (Ve siècle) (2).

La chapelle de Bordj-Haïdar et l'église d'Harab-Ech-Chams, toutes deux du Ve siècle, celle de Barad, du VIe, celles de Behioh, de Babouda, de Baquouza du VIe, de Tour-

1. V. P. Jullien, *Sinaï et Syrie*. Desclée, Bruges, 1893.
2. V. Corroyer, *L'architecture romane*, p. 711.

Hass. — Église du IVe siècle.

Roueïha. — Église du VIe siècle.

Dehhès. — Porte latérale de l'église (VIe siècle).

Quala at Sem'an. — Octogone central de la basilique (Ve siècle, vue du S.-O.) (1).

1. V. Essenwein, *Christlicher und Byzantinische Kirchenbau*. Darmstadt.

maninia, appartiennent déjà à un art savant, qui fait pressentir l'architecture romane [1].

Elles se distinguent par un appareil puissant, des soubassements largement moulurés, des cordons épais à moulures multiples, de fortes corniches, des frontons classiques [2]. De larges bandeaux forment chambranles autour des portes [3] et des fenêtres en plein-cintre. Les archivoltes, qui descendent sur les pieds droits, font retour d'équerre et se prolongent horizontalement [4]. Un large vestibule s'ouvre souvent entre deux pavillons en saillie devant la façade [5]. Les arcades des nefs sont de large ouverture, puissamment membrées, et retombent sur des piles trapues, carrées, rondes ou cruciformes [6]. Les larges absides, magistralement voûtées en cul-de-four, se décorent en dehors de colonnes engagées et se couronnent d'une corniche parfois soulignée d'arcatures [7].

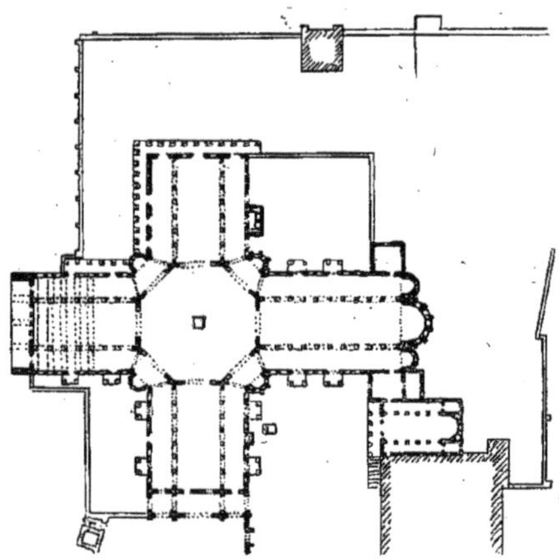

Plan de l'église de St-Siméon Stylite à Quala Sem'an [8].

La basilique de Behioh (Syrie centrale), à trois nefs avec un chevet plat, était couverte par une charpente apparente; celle de Babouda, à une seule nef, admirablement conservée, avec une abside demi ronde, est précédée d'un narthex. Celle de Baquouza avait trois nefs, avec arcades sur colonnes, une claire-voie, une charpente apparente, une abside demi ronde et un narthex.

1. V. C. Enlart, *Traité d'archéologie française*, t. I, p. 112.
2. Basilique de Saint-Siméon à Quala at Sem'an, église de Behioh, chapelle de Deir Sem'an.
3. Église de Hass (IVe siècle), de Dehhès (VIe siècle), baptistère de Deir-Seta.
4. Baptistère de Deir-Seta, basilique de Saint-Siméon, chapelle de Deir-Sem'an.
5. Basilique de Hass, églises de Baquouza, de Tourmaninia, de Saint-Siméon.
6. Église de Qualb-Louseh, d'Harab-Ech-Chams.
7. Église de Qualb-Louseh, basilique de Saint-Siméon, église de Baquouza.
8. D'après Essenwein, *ouv. cité*.

L'église de Tourmaninia (env. 400 après J.-C.), récemment détruite, était magnifiquement conservée dans son superbe appareil de pierre et représente bien le type syrien, surtout dans sa façade occidentale flanquée de deux pseudo-tours carrées entre lesquelles règnent un porche ouvert au rez-de-chaussée et une loggia à l'étage, comme aussi à Babouda. Celles de Roueïha [1] et de Qualb-Louseh sont remarquables par leurs larges arcades posant sur des piliers trapus, et la dernière, par les encorbellements à colonnettes qui portent les entraits des combles.

Basilique de Saint-Siméon Stylite, à Qualaat Sem'an (Ve siècle).

Remarquons qu'ici le système des arcades des nefs acquiert sa fonction utile et définitive. Tandis que les petits arceaux sur colonnes des basiliques latines ne constituent qu'un expédient pour remplacer l'entablement, les constructeurs syriens donnent à leurs arcades de larges ouvertures; la proportion des arcades est désormais celle d'un portique et non celle d'une colonnade.

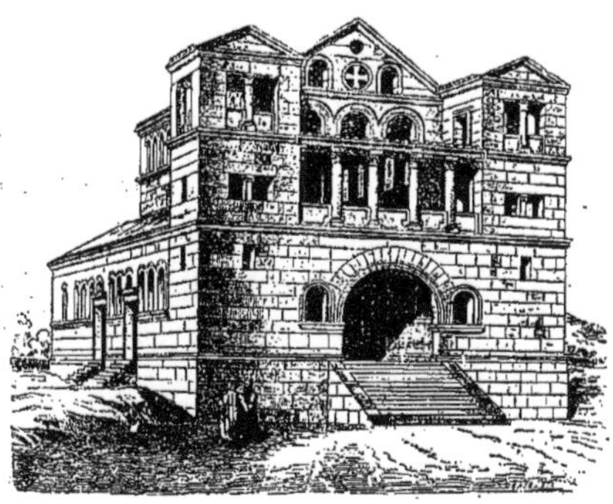

Église de Tourmaninia.

Pour bien apprécier la logique de la construction syrienne, comparée aux procédés inférieurs des Romains, il faut étudier les relevés faits par M. Duthoit sur les monuments de la Syrie centrale pour l'ouvrage du comte M. de Vogüé et les commentaires de ces travaux par Viollet-le-Duc. (*Dict. rais.* art. *voûte*).

1. L'église de Roueïha a son comble interrompu par des « murs de feu » élevés sur les arcades qui traversent sa nef centrale (Essenwein, *Handbuch der Architektur*, t. III).

Comme type d'église syrienne de plan octogonal, il faut citer la belle rotonde octogonale de la basilique de Quala at Sem'an datant du Ve siècle.

Palestine (1).

La basilique de Bethléem conserve sa nef du VIe siècle.

L'église de Koubeïbeh, près de Jérusalem (2), a la forme d'une église romane, et il en était de même de l'église Saint-Georges de Lydda, dont on conserve de belles ruines, et de celle d'Abou-Gosch décrite par M. Mauss (3).

Église de Qualb-Louseh (Syrie centrale).

Coupe de l'église de Roueïha (4).

Le monument nommé Kair-Hachetta, en Palestine transjordanine, n'offre aucun trait de l'art gréco-romain ; sa riche décoration indépendante de toute structure, s'inspire de façon évidente de l'imitation de dentelles et d'objets d'orfèvrerie, et constitue un type originel de décor superficiel. On y voit des chapiteaux qui rappellent ceux de Sainte-Sophie de Constantinople (5).

Le Saint-Sépulcre (6). — Parmi les églises proprement dites,

1. Melchior de Voguë, *Les églises de la Terre-Sainte.* Paris, Didron, 1860.
2. V. H. Mauss, *Invention du tombeau de Ste Anne à Jérusalem.* Paris, Leroux, 1893.
3. C. Mauss, *L'église de Saint-Jérémie à Abou-Gosch.* Paris, Leroux, 1902.
4. V. Essenwein, *Ouvr. cit.*
5. *Bulletin archéol. du Comité archéol. des travaux hist.* Année 1904, 3e livr.
6. V. Saladin, *Revue générale de l'architecture*, t. IV. — V. *Revue de l'Art chrétien*,

qui ont été élevées sur un plan circulaire ou polygonal, la plus célèbre et l'une des plus anciennes est celle du Saint-Sépulcre à Jérusalem.

Église de Quab-Louseh (Syrie).

On croit généralement que le Saint-Sépulcre a toujours été une rotonde ouverte au sommet comme le Panthéon. Des découvertes de M. de Voguë (1) rectifiant la restitution proposée par le

année 1898, p. 331. — V. *Bulletin de la Société historique de Tournai*, t. II, p. 182.

1. Melchior de Voguë, *Les églises de Terre-Sainte*. Paris, Didron. 1860.

Deir Sem'an. — Chapelle du Ve ou VIe siècle.

Basilique de Saint-Siméon Stylite, à Quala at Sem'an (IVe siècle).

professeur Willis [1], permettent au contraire d'avancer que la forme générale de la magnifique basilique, qu'à l'inspiration de sainte Hélène Constantin éleva en 336 sur la sépulture du Sauveur du monde, était celle d'un rectangle terminé par une abside. Seulement cette abside offrait un arrangement exceptionnel. Les idées symboliques qui ont toujours interdit de voûter l'église de l'Ascension, et d'intercepter, ainsi que le disait saint Jérôme [2], « la voie par laquelle Notre-Seigneur s'était élevé au ciel », firent placer le saint tombeau à l'air libre, au milieu d'une cour sacrée entourée par un riche portique circulaire. Dans le plan de Jérusalem tracé sur la mosaïque de Madaba, M. Ph. Berger a cru retrouver la figuration de cette cour ronde [3]. Cette partie du monument, nommée *Dominicum*, se trouvait à l'Ouest, adossée à la colline dans laquelle avait été creusée l'excavation du Saint-Sépulcre. Le reste de l'édifice s'étendait à l'Est en englobant le « Calvaire », la « Pierre de l'Onction » et le souterrain de l' « Invention de la Sainte-Croix. » Cette nef, indépendamment du Dominicum, avait une abside particulière, probablement une abside intérieure et à jour formée d'un hémicycle de petites colonnes, qui encadrait l'autel sans masquer le Saint-Sépulcre.

Comme Saint-Paul hors les Murs, l'église était pourvue de bas-côtés doubles, et couverte d'un plafond à caissons dorés. Mais malgré les assurances données par l'empereur Constantin à l'évêque Macaire dans une curieuse lettre qu'Eusèbe nous a conservée, on n'avait pas envoyé à l'architecte assez de ces grandes colonnes monolithes, très communes à Rome et très rares sans doute en Judée. Il n'y en eut que deux rangs ; de simples piliers carrés en tinrent lieu pour les bas-côtés extrêmes [4]. En avant de la nef se développait un « atrium » et en avant de l'atrium un péristyle à colonnade, comme celui de la basilique de Saint-Laurent à Milan [5].

1. Williams et Willis, *The Holy City*, Londres, Parker, 1849.

2. ...Propter Domini corporis meatum nullo modo contegi nec concamerari potuit. (*Locis Hebr. Act. Apost.*)

3. V. *Académie des Inscriptions et Belles-Lettres*, séance du 14 avril 1897.

4. L'un de ces bas-côtés, vers le Midi, se trouvait obstrué en partie par le rocher du Golgotha, isolé aussi et retaillé sur trois faces, mais montrant toujours, à un niveau supérieur, le trou de la croix et la fente dont parle la Passion.

5. Didron, *Annales archéologiques*, t. XX.

De cet ensemble de constructions, qui mesurait cent trente mètres de longueur, il ne subsiste que des vestiges peu considé-

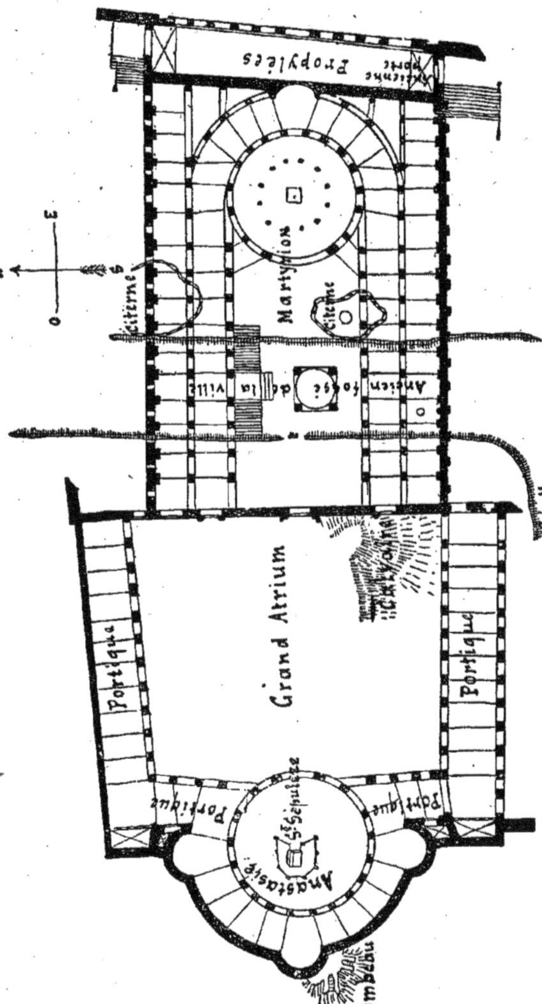

Saint-Sépulcre à Jérusalem construit par sainte Hélène vers 310.
Plan de la basilique de Constantin, d'après M. Schick.

rables. On admet jusqu'ici comme plausible la restitution de M. Schick que nous reproduisons. Elle suppose que l'abside ronde du *martyrium* est à l'opposite de l'*Anastasie*, la basilique de Sainte-Hélène s'appuyant par ses nefs à l'*atrium;* M. L. Combes [1] pense au contraire que l'abside de la basilique était contiguë à l'un des trois bras des portiques de l'atrium [2].

L'église ronde. — Lorsque l'église du Saint Sépulcre fut restaurée sous Héraclius, de 614 à 629, après les ravages de Chosroës II, elle prit pour la première fois l'aspect d'une *rotonde*; l'abside de Constantin en détermina les dimensions, savoir trente-cinq mètres d'un mur à l'autre. La coupole eut le diamètre de l'ancien chœur [3].

Moins d'un siècle après la restauration d'Héraclius, un prélat anglais, Arculphe, visita les lieux saints, et à son retour en fit une description détaillée (695) que nous reproduisons : Pour « illustrer » cette précieuse relation, l'évêque Adamnan, dessinateur plus zélé qu'habile, traça sous les yeux et sur les explications d'Arculphe un plan du Saint-Sépulcre [4].

« L'église du Saint-Sépulcre, dit saint Arculphe lui-même, est de grande dimension, entièrement de pierre et parfaitement ronde en tous sens. Trois enceintes concentriques s'élèvent pour former son contour, laissant entre elles des galeries de circulation ; le mur du milieu est décoré de trois autels dans des niches dont l'ornementation a été établie avec beaucoup d'art; l'un de ces autels se dirige vers le Midi, un autre vers le Nord, le troisième vers l'Occident. Douze colonnes en marbres de dimension remarquable soutiennent l'église à l'intérieur. »

Cet édifice présente huit entrées groupées quatre par quatre; chaque issue se reproduit dans les trois enceintes et permet de traverser les galeries qui les separent. Quatre de ces portes regardent le vent du Nord-Est, les quatre autres sont tournées vers l'Orient. Au milieu de l'espace central de cet église circulaire s'é-

1. De l'*Invention de la Sainte-Croix*, Paris, 1903.

2. V. *Revue de l'Art chrétien*, année 1904, p. 79.

3. Le rocher du Calvaire et l'excavation où sainte Hélène découvrit la croix de Notre-Seigneur, restaient en dehors de la rotonde d'Héraclius. On éleva sur ces deux points, au milieu des ruines de la grande basilique de Constantin, deux petites églises, distincte l'une de l'autre. Un troisième édicule, dédié à la Sainte Vierge, fut bâti au-dessus de la « pierre de l'onction ».

4. Voir le *Museum of classical antiquities*, de Falkener.

lève un édicule rond dans une seule pierre, et dans lequel peuvent se tenir neuf personnes en prière. La voûte de cet édicule s'élève à un pied et demi au-dessus de la tête d'un homme de grande stature qui se tiendrait debout.

L'entrée regarde l'Orient et toute la couverture extérieure est formée d'un toit de marbre dont le sommet est orné de dorures et porte une grande croix d'or. A l'intérieur de ce mausolée, au Nord, est le cercueil de Notre-Seigneur, taillé dans une seule pierre ; mais le sol du mausolée est plus bas, car depuis son pavé jusqu'au bord supérieur du cercueil, il y a environ une distance de trois palmes (1). »

Selon feu Ch. Lucas, il est probable que les trois enceintes dont il est question, formant une rotonde entourée en dedans et en dehors d'une double rangée de colonnettes, constituaient un portique intérieur et un portique extérieur. L'église actuelle du Saint-Sépulcre, qui est en partie celle de Constantin, présente la même colonnade à l'intérieur (2).

Cette église avait déjà été deux fois détruite, d'abord par les Perses et les Juifs, ensuite par les Arabes lorsqu'elle reçut au VIIe siècle la forme d'une rotonde entourée d'une galerie à étage, qu'on y voit encore aujourd'hui dans sa partie la plus ancienne. Elle fut couverte d'une toiture conique tronquée en bois de cèdre, selon la forme usitée pour les grands mausolées antiques.

Charlemagne fit rebâtir en 813 ce tombeau vénérable entre tous. Détruit par les Sarrasins vers 1010, par suite d'un accès de fanatisme farouche du Kalife Hakem ; il fut restauré par l'empereur grec Constantin Monomaque, en conservant le plan primitif.

A une époque récente, sa couverture en charpente a été remplacée par le dôme que connaissent tous les pèlerins de Palestine (3).

1. Nous reproduisons ce texte d'après M. Ch. Lucas *(Les églises circulaires d'Angleterre)* qui l'emprunte lui-même à Falkener *(Museum of classical antiquities)*.

2. A l'Orient de cette rotonde se voyaient d'autres constructions augustes : une assez vaste nef abritant l'autel d'Abraham, où de nombreuses lampes brûlaient nuit et jour, une fenêtre contenant le calice du Seigneur, la chapelle du Golgotha, enveloppant le sommet du rocher sur lequel avait été dressée la croix du Sauveur et dont on montrait la fente aux fidèles, l'église de la Vierge, marquant l'endroit où Marie se tint debout avec saint Jean, enfin l'église de Constantin, bâtie sur le lieu où sainte Hélène découvrit la croix de Jésus et celles des deux larrons.

3. D'autres remaniements y avaient déjà été faits par les Croisés, de sorte qu'extérieurement l'église du Saint-Sépulcre se présente sous l'aspect d'un édifice de style roman avancé.

Influences romaines.

L'architecture religieuse, de Constantin à Justinien, participe encore de certains principes de l'art romain, tant dans la disposition des édifices que dans la technique de la construction.

Le plan basilical prévaut à l'origine et se maintient à côté du plan nouveau, en croix grecque. L'ancienne église de Saint-Jean Studius, élevée à Constantinople par Constantin, était une basilique du type latin, à colonnes architravées ; celle des Saints Apôtres avait un plafond en bois à caissons, et Eusèbe constate que les églises de son temps étaient en forme de nefs allongées, à plafond apparent, terminées en hémicycle. L'église des Saints-Serge et Bacchus à Constantinople offre le dernier exemple connu de l'entablement romain, qui sera désormais remplacé par une simple cymaise. Du moment que les architectes firent entrer dans l'ornementation de la façade les formes de la structure interne, notamment les extrados des voûtes et le tracé des arcs, l'entablement classique devait disparaître ; cette révolution fut accomplie sous Justinien [1].

A côté du type basilical, on retrouve celui de la rotonde romaine couverte en coupole. L'église de Saint-Georges de Salonique, dont nous reparlerons, en est une véritable copie en réduction du Panthéon de Rome.

En ce qui concerne le gros œuvre, l'art byzantin emprunte à l'art romain de l'époque impériale l'emploi des *briques* et de petits matériaux. Ce genre de maçonnerie était plus en rapport avec les ressources locales et donnait le moyen d'élever plus rapidement des travaux considérables.

L'art romain fournit en outre à celui de Byzance le système de *plaquages* en *marbre* et de revêtements décoratifs en *mosaïques*.

A partir du VIIIe siècle, les fresques remplacent les mosaïques.

Les Byzantins reprennent aux Romains l'usage de l'*arcade*, et spécialement de l'arcade portée sur colonnes ; mais, comme nous le verrons, ils emploient ce dernier support sans l'intermédiaire de l'entablement. De plus, la colonne perd son rôle de support principal.

1. V. Ch. Tessier, *L'architecture byzantine*. Londres, Day et fils, 1864.

La coupole.

Parmi les puissants édifices dus au génie païen se font remarquer surtout les rotondes à coupole, dont le chef-d'œuvre impérissable est le Panthéon. Mais la coupole romaine, de forme hémisphérique, ne peut être établie que sur un mur en rotonde, forme peu appropriée à l'usage d'un temple. Des siècles s'écoulèrent avant que le génie humain n'eût conçu le moyen de se dégager de ce cercle étroit, d'ouvrir cette enceinte circulaire, de combiner la majesté du dôme avec les perspectives avantageuses et le tracé commode d'un édifice quadrangulaire, de concilier la stabilité de la coupole avec des combinaisons d'assiette carrée, avec des supports isolés, et un plan réalisant la *croix*.

Ce sont les constructeurs syriens qui trouvèrent le moyen de couvrir d'une coupole un vaisseau en croix grecque, en même temps qu'ils substituèrent une structure légère et équilibrée à la masse concrète et inerte des puissantes voûtes romaines. Dès lors les chrétiens d'Orient demandèrent la réalisation de leur rêve au type de la rotonde, agrandie et développée par des croisillons, couverte en dôme par le moyen nouveau et merveilleux des pendentifs. Ils firent des églises vastes, monumentales, plutôt carrées qu'allongées, qui abritèrent l'autel sous un dôme majestueux semblable à un colossal ciborium.

La construction des coupoles byzantines [1] repose sur des principes de construction étrangers à l'art du haut empire.

« Bien différentes des voûtes romaines, dit de Dartein, quant aux conditions de stabilité, celle de Sainte-Sophie et ses dérivées bâties en briques avec une faible épaisseur, ne se maintiennent point en équilibre à la façon d'un bloc de forme invariable, simplement posé sur des appuis. Faute d'une épaisseur suffisante, elles tendent à s'effondrer en renversant au dehors leurs appuis, et ceux-ci, soumis à l'action d'une poussée oblique, remplissent la double fonction de porter la voûte et de la contrebuter... »

« Le problème de l'équilibre des voûtes se pose alors avec toutes ses difficultés ; et la voûte moderne, légère, appareillée, poussant au

1. Sur l'histoire de la coupole, v. A. Gosset, *Les coupoles d'Orient et d'Occident*, v. F. de Verneilh. *Bull. monumental*, 1869, p. 70.

vide, formant en quelque sorte, avec son support, un système articulé, supplante à jamais, depuis l'avènement du style byzantin, les massives concrétions monolithes de l'architecture romaine ([1]). »

Les coupoles byzantines furent finalement appareillées par assises annulaires. Elles se distinguent encore par leur évidement à leur base. Elles sont éclairées, non point par un lanternon posé au sommet, mais par des pénétrations en lunettes voisines de la naissance. On évitait naturellement de charger du poids d'une lanterne une voûte qu'on s'efforçait de faire légère et hardie, presque aérienne; les lanternons n'apparaîtront que plus tard.

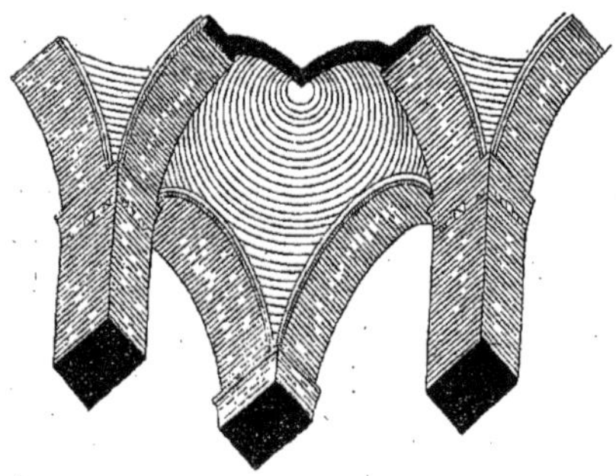

La différence capitale de la coupole byzantine avec les coupoles romaines, c'est l'idée féconde et hardie des pendentifs. Jusque-là la coupole avait constitué une voûte fermée, inextensible. Le pendentif couvrait largement les flancs de la voûte, de manière à lui donner une extension considérable, pour les voûtes qui couvrent les croisillons, en se soudant avec le dôme central.

La combinaison de la structure concrète romaine et de la forme de pendentifs byzantins se voit réalisée en Asie-Mineure, dans les deux coupoles qui couronnent l'église de Saint-Georges de Sardes.

Comme les Romains, les Byzantins abritent leurs édifices sous des voûtes non couvertes de charpente ; la voûte forme plafond et *couverture*, ou du moins porte directement les tuiles. Les genres de voûtes employées par eux sont, outre la coupole à pendentifs, le berceau et la voûte d'arêtes. Ils construisent leurs voûtes en briques.

Ils exécutent les berceaux par tranches obliques, en appareil hélicoïdal, selon le procédé des Perses ([2]). Ils font de même les voûtes d'arêtes surbaissées par tranches tronconiques raccordées en besace sur l'arête ; cette voûte d'arêtes n'a rien de commun

1. *Ouv. cit.*, t. I, p. 36.
2. Voir L. Cloquet, *Art monumental*, t. II.

avec la pénétration des deux berceaux ([1]). Quand leurs voûtes d'arêtes ont une flèche égale à la moitié de la diagonale du plan, les arêtes s'effacent et il reste une voûte sphérique à pendentifs ; ainsi la voûte d'arête byzantine et la calotte sur pendentifs dérivent de la même conception. Toutefois les Byzantins emploient aussi la coupole à assises annulaires, soit sous forme de voûtes sphériques *à pendentifs*, soit sous forme de voûtes sphériques *sur pendentifs distincts*. Ils ont fait des coupoles *nervées* comme celle de Sainte-Sophie, des coupoles *côtelées* extérieurement, comme celles de la Theotocos et de Saint-Serge, et des coupoles à *trompillons étagés*, comme celle du tombeau de Saint-Dimitri à Salonique.

Les Byzantins emploient, pour contrebuter leurs voûtes, les murs des croisillons de leurs églises, disposés expressément en croix.

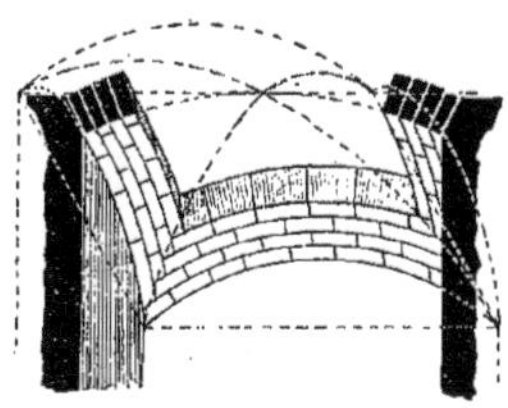

La coupole sur pendentifs, caractéristique principale de l'architecture byzantine, dérive de l'Orient comme forme et emplacement, de la Syrie en particulier; comme structure elle dérive de la Perse, par l'intermédiaire de l'Italie septentrionale, qui paraît avoir connu les pendentifs avant Byzance ([2]). Ce qui caractérise le plan de l'église byzantine, c'est la forme en croix dite grecque, à croisillons également courts, qui laissent à la croisée, couverte en coupole, l'importance prépondérante à l'instar des monuments syriens.

L'arcade. — Les Byzantins empruntent aux Romains le principe de l'arcade, mais ils en modifient l'application. En dehors des grandes arches sur lesquelles s'appuient leurs coupoles, et des arches séparant les nefs basilicales des églises syriennes, l'arcade ne sert plus comme support des hauts murs, mais seulement comme moyen de percement. Les maîtres murs font place à de larges arcades fermées par un léger remplissage à claires-voies. Ces claires-voies sont formées de rangées étagées d'arceaux portés sur des colon-

1. V. Choisy, *Histoire de l'architecture*, t. I, p. 9.
2. M. Rivoira, dans ses *Origini della architettura lombarda*, s'attache à démontrer, que les pendentifs doivent être plutôt considérés comme une création romaine.

nettes, et leur abondance constitue un des caractères frappants de l'architecture byzantine.

Les arcades sont en plein cintre, et les baies qu'elles amortissent, d'ouverture relativement petite. Les arceaux, qui jusqu'alors avaient

Sainte-Sophie de Constantinople, d'après Viollet-le-Duc.

eu leur retombée à l'aplomb des pieds droits, doivent maintenant reposer deux à deux sur un support unique et étroit; ils offrent dès lors un surplomb considérable; nous verrons, en traitant du chapiteau, comment on résout cette difficulté [1].

1. V. *Encyclopédie d'architecture*. Archéol. byzantine, p. 43.

Les fenêtres. — Les baies sont en plein cintre, relativement petites, disposées en rangées horizontales, et dépourvues de moulures et d'ornements.

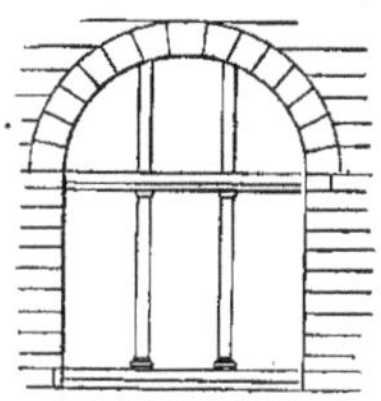

Les grandes fenêtres des édifices importants sont à jours multiples. Les Byzantins n'admettent plus la plate-bande que sous l'arc ; leurs fenêtres sont parfois subdivisées sous un large plein cintre, par une plate-bande que soutiennent et surmontent des supports verticaux, ordinairement de colonnettes.

Colonnes. — La colonne, nous l'avons dit, n'intervint plus guère que comme support d'arcades secondaires dans les claires-voies.

Les Grecs qui, dans l'antiquité, avaient fixé la forme des *ordres*, rejettent maintenant à l'arrière-plan ces ordres gâtés par les Romains et cessent d'en faire leurs supports de premier ordre.

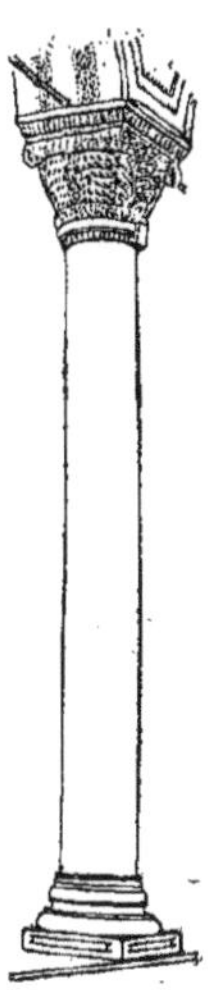

Répudiant les entablements inutiles que l'art romain, art d'imitation, intercalait entre le chapiteau et la naissance de l'arc, l'architecte byzantin porte sur l'encorbellement du tailloir le sommier de l'arc. De cette disposition résulte une adaptation nouvelle du chapiteau [1]. Le tailloir devient un élément de construc-

Chapiteau de Sainte-Sophie à Constantinople.

tion, nécessairement plus évasé ; néanmoins il présente encore une assiette insuffisante ; de plus cette assiette est carrée, tandis que la

1. V. L. Magne, *Congrès des sociétés savantes à la Sorbonne en 1897*.

retombée combinée de deux arcades est parfois barlongue. Le tailloir, devenu un membre distinct, se transforme en un *abaque*, approprié au nouveau besoin.

On commença par utiliser à cet effet un tronçon d'entablement. L'entablement avait été, dans les basiliques païennes, soulagé par des décharges bandées au-dessus de l'entre-colonnement ; celles-ci ayant rendu inutile la partie de l'entablement qu'elles couvraient, on supprima la partie intermédiaire, n'en maintenant qu'un tronçon sous la retombée des décharges. Ce tronçon dessinait une forme d'ensemble comprise dans un tronc de pyramide quadrangulaire renversée : cette dernière forme finit par prévaloir et donna lieu à ces abaques étranges, qui ont l'air d'un second chapiteau posé au-dessus du premier. Peut-

Chapiteau latin.

Chapiteau byzantin de l'église Saint-Vital à Ravenne.

être cette corbeille massive, qui se couvrit de sculptures méplates serrées, fût-elle empruntée aux Persans Sassanides. Cette forme se remarque de bonne heure à Ravenne (1).

Le chapiteau byzantin typique est celui du genre cubique, en forme de tronc de pyramide renversée, ornée sur les faces de sculptures méplates, tel que nous le rencontrons à Sainte-Sophie

1. Selon M. de Rossi, cette forme n'est pas d'invention byzantine ; on en trouve des exemples à Ravenne dès le IVe siècle, surtout au VIe. Les architectes qui bâtissaient des églises avec les débris des temples païens, trouvaient dans l'abaque un nouveau membre architectural, leur permettant de racheter le défaut des hauteurs inégales des colonnes qu'ils réemployaient. (V. *Bulletin archéologique du Comité des travaux historiques*, 1893, I, p. 9.)

de Constantinople aussi bien qu'à Ravenne. Le décor consiste en feuilles d'acanthe, auxquelles se mêlent des symboles chrétiens. L'acanthe est épineuse, fortement stylisée, ramifiée, souvent entrelacée; parfois le décor est formé d'enroulements des tiges, inscrivant des feuilles et tapissant les surfaces. La feuille d'acanthe finit par faire place à celle de vigne.

Mosaïque de l'église Saint-Vital à Ravenne.

A côté de ce type se place le chapiteau à corbeille dérivé du chapiteau latin corinthien ou composite, qui présente des feuilles d'acanthe étagées, non plus enroulées comme dans l'antiquité, mais avec retour oblique de la feuille (Saint-Marc de Venise). Sur la corbeille corinthienne les feuilles d'acanthe sont comme collées et indépendantes. Ici au contraire la forme de la corbeille s'accuse à la surface, et celle-ci est creusée de manière à renfoncer le champ sur lequel se détache l'ornement végétal, en relief méplat. La forme générale est à la surface, non plus derrière le décor (1).

1. H. Rousseau, *Esquisse d'art monumental. Art chrétien*, p. 66.

Quelquefois apparaît la vraie corbeille ornée comme de treillis d'osier; et la double volute est remplacée par l'aigle, la colombe, etc.

A Ravenne on rencontre aussi la forme sphérico-cubique, d'où dérive le chapiteau godronné, aux huit renflements tapissés de rinceaux entrelacés, qu'on voit à Saint-Vital ainsi qu'à Saint-Marc de Venise. Peut-être faut-il voir ici la fusion avec le type scandinave dérivé du poteau de bois, qui est caractéristique du style lombard.

LA DÉCORATION BYZANTINE.

La décoration des édifices byzantins, comme celle des basiliques latines, s'attache aux murs intérieurs, négligeant le dehors. On dirait que dans les premiers siècles les chrétiens gardent quelque chose des habitudes des habitants des catacombes, pour qui le sanctuaire n'avait pas d'extérieur.

A l'intérieur, le constructeur semble préoccupé d'éviter les saillies sur le nu des murs, afin de laisser le champ libre au décor qui les tapissera. Les murs ne forment guère que des cloisons de remplissage, affleurant intérieurement les piliers, de manière à offrir des parois continues très vastes, propres à recevoir des ornements plaqués.

Les moulures sont rares et sobres ; elles ont des profils anguleux où abonde le chanfrein. Les entablements se réduisent à des cordons de profil camard. Les profils saillants des Grecs font place à des bandeaux plats.

La sculpture ne se montre qu'en quelques endroits, notamment aux chapiteaux. Elle est méplate ; ce n'est qu'un dessin champlevé, qui ne s'inspire pas directement de la nature. Les feuillages, tout conventionnels, s'étalent en tresses, en entrelacs, en rinceaux découpés sans modelé, se détachant du fond un peu à la manière des ajours de la marqueterie.

La ronde bosse et l'être vivant sont presque exclus du décor sculpté. Les images de piété elles-mêmes sont représentées en peinture plate. La décoration sculpturale semble en partie inspirée des monuments de l'antique Judée, parmi lesquels il faut peut-être comprendre, selon Viollet-le-Duc, le temple de Jérusalem [1]. En tout cas on y retrouve maints motifs syriens.

1. Viollet-le-Duc, *Entretien sur l'architecture*, t. I, p. 220.

Le décor, superficiel et lisse, existe pour lui-même et n'est plus subordonné à l'ordonnance des lignes générales. Il consiste en plaquages de marbres multicolores, en fresques et surtout en mosaïques historiées.

Dans les mosaïques et la peinture le luxe des couleurs, la gravité des attitudes propre au caractère oriental, particulièrement chez

Mosaïque de Saint-Apollinaire le Neuf.

les Grecs, les Syriens, les Arméniens, produit un effet grandiose et puissamment décoratif. L'art byzantin a engendré une grande école de décoration, qui, dans la belle époque, laisse une impression de sérénité et de grandeur (1). Captif du formalisme traditionnel, il s'est immobilisé au point qu'à plusieurs siècles d'intervalle des œuvres peuvent se confondre ; mais en revanche il a sauvegardé les traditions iconographiques et les a, aux temps modernes, préservées des abus de la Renaissance. L'esprit de cet art se

1. Bayet, *L'art byzantin*.

retrouve surtout dans les miniatures qui comblent une lacune de cinq siècles, durant lesquels les œuvres monumentales font défaut, entre les mosaïques de Ravenne et de Salonique d'une part, et celles de Venise et de l'Italie de l'autre ([1]).

TYPES D'ÉDIFICES.

Monuments religieux. — Les églises byzantines offrent au point de vue du plan trois types principaux.

1° *La basilique couverte en charpente* (Δρομια) ([2]), semblable à la basilique latine d'Occident. C'est le type le plus ancien tant à Constantinople et en Asie qu'à Rome.

2° *La rotonde et l'octogone* (Κυκλοσιδῆ).

3° *La basilique en croix grecque avec coupole centrale sur pendentifs* (τρουλλωτα). Ce type devint général à Byzance à partir du VIe siècle.

En général, les basiliques byzantines se distinguent par l'usage d'un narthex fermé et par des absides rondes ou polygonales accompagnées de larges absidioles latérales ; la liturgie grecque exige la triple abside. Les nefs sont généralement accompagnées de tribunes, réservées aux femmes.

L'ensemble dessine un plan rectangulaire avec les absides faisant saillie à l'Est. La superstructure s'accuse par une coupole centrale entourée souvent des quatre autres. Les coupoles se multiplient; à un certaine époque, on en compte jusqu'à treize.

L'église byzantine se divise en trois parties : le *narthex*, la nef ou le *naos*, et le *béma* ou sanctuaire, séparé du naos par l'*iconostase*, cloison décorée de peintures à fond d'or représentant les images des Saints ([3]).

Le narthex est souvent doublé d'une galerie externe nommée *exonarthex*.

L'autel est comme chez les Latins surmonté du *ciborium*, mais celui-ci est couronné par une coupole.

1. V. Kondakoff, *Étude sur l'art byzantin*.

2. La basilique couverte en berceau se nomme Κυλινορωτα et celle qui est couverte de voûtes pyramidales Θολωτα. (V. Texier, *ouv. cité*.)

3. Les églises grecques ont gardé l'usage des clôtures imagées souvent très riches.

On distingue trois époques : l'époque byzantine, l'époque macédonienne et l'époque grecque.

— *Ire époque* (époque *byzantine* proprement dite, du IVe au VIIIe siècle). C'est l'époque de la formation du type nouveau sous l'action des influences extérieures ; le type byzantin se développe et atteint son apogée sous Justinien. Constantinople garde quelques églises attribuées au Ve siècle, notamment celles de Saint-Jean Studius (Mir-Akhir-Djami), bâtie en 436 [1] sur plan carré, précédé d'un narthex et divisé en trois nefs avec tribune ; et de Saint-Théodore de Thyrone, fort remaniée comme la précédente et convertie en mosquée (Kilissé-Djami), aux murs de briques et de pierres alternées.

A l'origine, on rencontre des basiliques à longues nefs couvertes en charpente, comme la vaste église à cinq nefs de Saint-Démétrius à Thessalonique, remontant selon Texier au Ve siècle. Elle offre un atrium, des arcades sur colonnes interrompues par des piliers, et des tribunes à l'instar de l'église de Tina dans l'île de Tenos (Archipel). Ces tribunes font retour devant la façade occidentale. Parfois, comme à Tina, les berceaux extradossés couvrant les nefs s'accentuent en façade par une série de couronnements en arc de cercle.

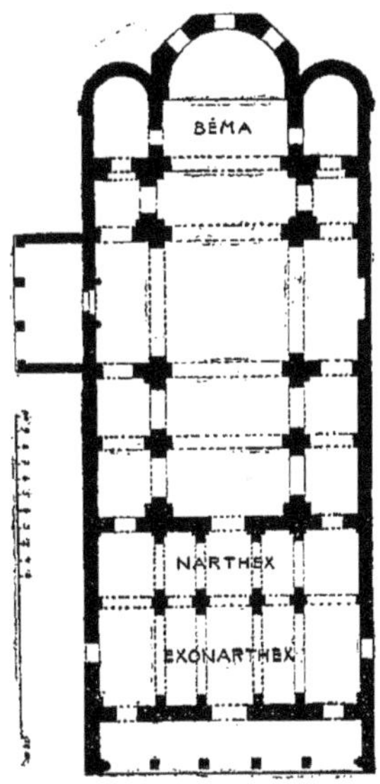

Église de la Vierge d'or de Trébizonde.

La Sainte-Sophie construite par Constantin était une basilique couverte de berceaux, et c'est encore le cas de la basilique d'Hiérapolis. Celle de Sardes est voûtée d'arêtes, Saint-Jean de Constantinople appartient aussi, comme nous l'avons dit, au type basilical; il en est de même de l'église de Karyès (Athos) [2].

Ailleurs se constitua le type à *coupole*. On attribue au Ve siècle la rotonde de Saint-Georges de Salonique, visiblement imitée du

1. B. G. Millet, dans l'*Histoire de l'art* de A. Michel, p. 137.
2. V. Choisy, *Histoire de l'architecture*, t. II, p. 42.

Panthéon romain. Sept absides sont ménagées aux dépens de la masse du mur, qui forme un tambour de 24 mètres de diamètre. L'abside a 20 mètres de profondeur; la coupole, hémisphérique, est percée à sa base de huit fenêtres en demi-lune.

Bientôt se dessine le plan en croix grecque inscrit dans un carré; l'église offre une masse carrée couverte en terrasse, et couronnée

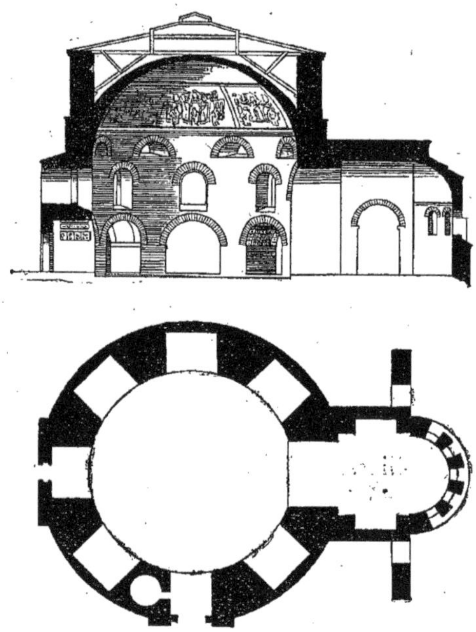

Saint-Georges de Salonique.

d'une coupole. Le dôme, unique, est déprimé et percé à la base de nombreuses pénétrations en lunettes ; il est couvert de tuiles ou de plomb doré; il porte sur le carré central à l'aide de pendentifs. Un narthex précède les nefs. Les baies des portes sont rectangulaires, à encadrement mouluré. Les bas-côtés sont surmontés de tribunes. Les corniches sont en pierre moulurée ou en briques, en crémaillère. Les absides sont triples, en rangées. La coupole porte à l'intérieur sur des piliers. A ce type appartient Sainte-Sophie de Salonique (VIe siècle).

L'église des Saints-Serge et Bacchus ([1]), qui constitue une « petite Sainte-Sophie », est le prototype du grand œuvre de Justinien; elle est due à cet empereur lui-même. Quadrangulaire à l'extérieur,

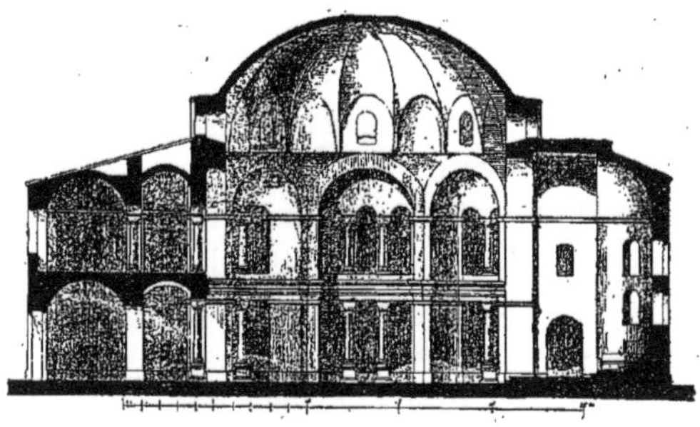

Église des Saints-Serge et Bacchus (coupe longitudinale).

son plan, curieusement irrégulier, mesure 33 mètres sur 30; il est à l'intérieur octogonal comme Saint-Vital de Ravenne, avec galeries d'étages; entre les deux étages règne un entablement classique richement décoré et portant l'inscription dédicatoire de Justinien. L'octogone offre quatre pans plats percés d'arcades, et quatre autres munis d'absidioles ou niches butant la coupole, également ajourée d'arcades. Quatre travées rectangulaires dessinent les bras d'une croix grecque ; l'un des bras s'allonge pour former le chœur; celui-ci est accosté de deux absidioles. Sous les arcades et sous l'entablement, à chaque étage, les travées sont partagées en trois par des colonnettes. Ainsi l'on voit alterner les arcades et les absidioles. Nous verrons que ce type existe à Saint-Vital de Ravenne, où il n'y a que des absidioles, et se reproduit à Aix-la-Chapelle, où il n'y a que des arcades.

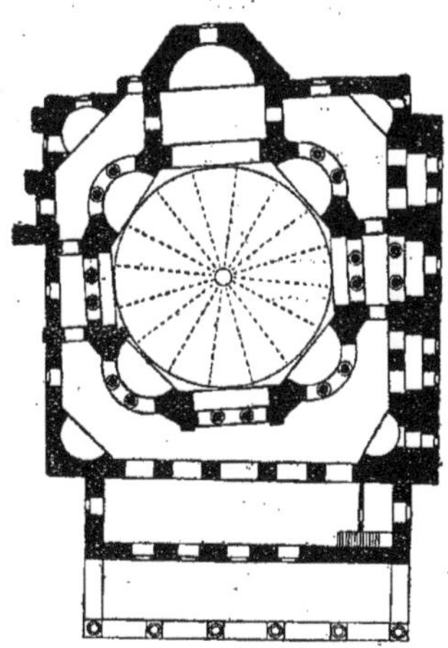

Église des Saints-Serge et Bacchus. — Plan.

1. V. Henderson, *Monographie de l'église des Saints-Serge et Bacchus de Constantinople* dans *The Builder*, n° du 6 janvier 1906.

ur est octogone ; la coupole est surbaissée et à côtes e qui a permis de la faire reposer sans l'aide de pen- es dernières assises du tambour. Un collatéral à étage oupole et s'inscrit dans l'enceinte carrée ([1]).

int-Serge vient Sainte-Sophie, le chef-d'œuvre que nous us loin. Après Sainte-Sophie s'élève Saint-Irène, cons- stinien et restaurée au VIIIe siècle. De forme basilicale le offre une coupole surbaissée sur un tambour rond. des Saints-Apôtres de Thessalonique est attribuée au VIIe siècle par Texier. Celle de Saint-Hélie, de la même ville, présente le plan trifolié.

Un type bien caractérisé de l'église Justinienne, à part des nefs très allongées, est celle de la Sainte-Vierge à la tête d'or, de Trébizonde (Chrysokephalè), dont l'époque reste indéterminée.

St Serge
à Constantinople

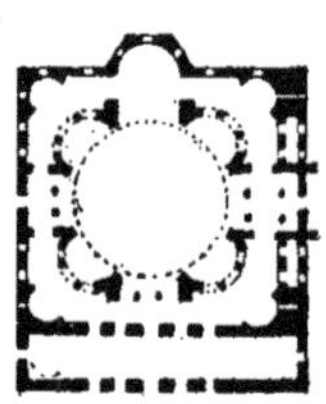

Il en est de même de Saint-Eugène, de Sainte-Sophie, de Moum-Hassé et de Saint-Basile à Trébizonde ainsi que de Saint-Nicolas de Myre. Les églises de Trébizonde sont le même plan que les Saints-Apôtres de Salonique. atre colonnes ou piliers qui supportent la coupole et érieurs, est ménagé l'intervalle nécessaire à l'amortis- poussées. Aux quatre arcs doubleaux s'attachent quatre i vont d'autre part s'attacher aux murs. La coupole rceaux dessine une croix grecque ([2]). Sur la branche uvre la grande abside, flanquée de deux autres ; au tal est adossé le narthex.

Ouvr. cité.
d'épaulement latéral que nous retrouverons à Sainte-Sophie de Cons- employé avec diverses variantes à Myre, à Ancyre, à Éphèse, surtout ainte-Sophie de Salonique et surtout à Sainte-Irène. (V. G. Millet, *t*, t. I, p. 144.)

:nt les Byzantins se sont trouvés embarrassés de porter ›les ; ils ont cessé d'établir entre elles et l'église une e, et quand, pour l'effet extérieur, ils l'ont surélevée sur

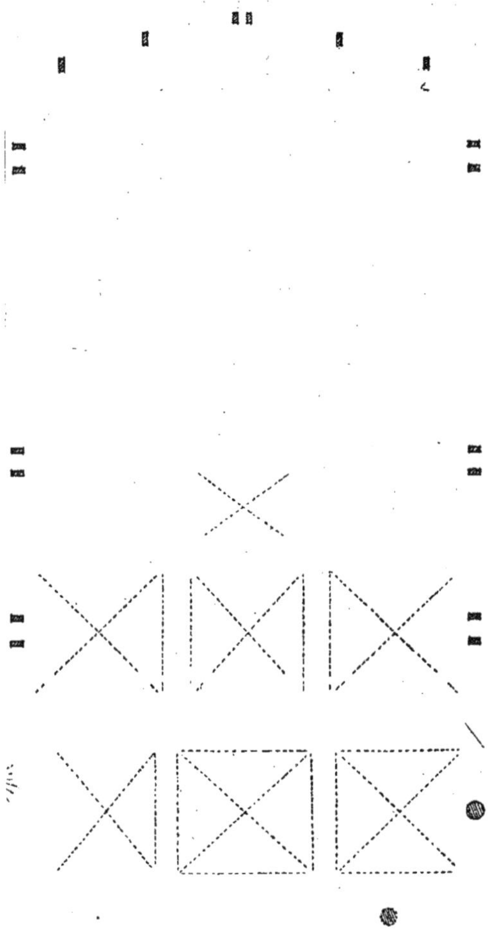

Plan terrier de l'église de Daphni.

, ils ont perdu le sentiment de cette liaison. La coupole venue un accessoire [1].

Millet, *Bulletin de la correspondance hellénique*, n°s XI-XII, ann. 1895.

IIe époque (*époque macédonienne*, du IXe au XIIe siècle). Cette période, qui s'étend plus particulièrement de la fin du IXe siècle au commencement du XIe, se distingue par une imitation plus fidèle des modèles antiques, par une prédominance de la décoration sur la structure, et par l'éclat et le luxe du décor.

Coupole byzantine.

Il ne reste malheureusement plus que le souvenir de deux grandes églises élevées alors à Constantinople, notamment de celle des Saints-Apôtres (le temple d'or) bâtie par Basile Ier, couverte de cinq coupoles, et qui était une des merveilles de Byzance; le principal spécimen est l'église de Saint-Luc à Daphni (1).

Saint-Marc de Venise, qui est comme une réplique des Saints-Apôtres, se rapporte à la même période. Nous nous en occuperons à part.

Sculptures du monastère de Daphni (Ve ou VIe siècle).

Une innovation s'introduisit au IXe siècle : au lieu de faire reposer la coupole sur les grands arcs bandés entre les piliers, on la haussa sur un svelte tambour qui se projette sur le ciel. Le

1. V. Kondakof, *Histoire de l'art byzantin*. — G. Millet, *Le Monastère de Daphni* Paris, Leroux. — E. Roulin, *Revue de l'art chrétien*, 1903, p. 188.

tambour, octogonal, s'ajoura de fenêtres géminées sur chaque face; il devint une lanterne. Dès lors chez les constructeurs prévaut la préoccupation de l'aspect extérieur du monument, dont les lignes s'allègent et s'élancent et dont les fenêtres se multiplient et profilent à la base de la coupole leur contour en arc qui entame la base de la coupole.

Les absides de l'église de Daphni.

Au Xe siècle on multiplie les coupoles ; on en place sur la nef, sur les deux bras du transept, puis sur les quatre angles du carré, même sur le narthex et les bas-côtés ; au XIe, s'introduit le pendentif à trompe, ce qui ramène à l'emploi de huit supports pour la coupole centrale. Dans une série d'églises, on passe du carré à l'octogone par quatre trompes, et de l'octogone à la coupole ronde par huit pendentifs (1).

1. Ex. : Saint-Luc en Phocide, Daphni (vers 1100), Saint-Nicodème d'Athènes (avant 1044).

Les absides deviennent polygonales. On voit apparaître des fenêtres géminées ou à triplet. Les voûtes sont divisées en zones horizontales décorées de peintures. Les épais piliers sont remplacés par des colonnes. Les murs sont décorés d'assises alternatives de brique ou de pierre. L'intérieur éclate d'une richesse extrême due aux mosaïques des voûtes, aux marbres revêtant les murs, aux pavements polychromes, aux clôtures finement ajourées.

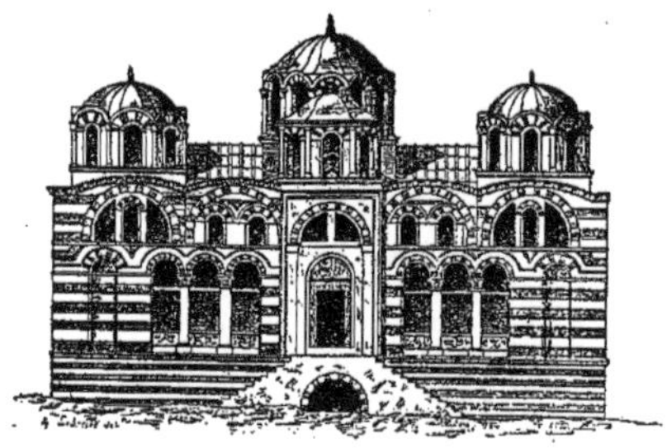

Theotocos à Constantinople. — Façade.

L'église de la Mère de Dieu, la *Theotocos*, à Constantinople, date du Xe siècle; elle est précédée de deux vastes narthex surmontés de nombreuses petites coupoles. Ses murs et ses baies sont décorés d'assises et de claveaux de pierre entremêlés de briques; ses coupoles sont côtelées. L'église en rotonde de Santa Fosca à Torcello près de Venise ressemble beaucoup à la Theotocos; mais sa coupole est portée par une succession de trompes.

Celle de Saint-André est du même type; l'abside est pentagonale. Celle du *Pantocrator* fut élevée en 1124; celle de la *Panmacharitos* fut fondée au XIIe siècle. L'église du Christ (Kahrié Djami), fondée par Justinien, fut reconstruite à la fin du XIe siècle; précédée d'un double narthex, bâtie sur plan carré, sa coupole à côtes porte sur un tambour; elle a un chœur circulaire en saillie sur la façade orientale. Sa riche décoration date du XIVe siècle (2). Entièrement restaurée, elle étale de superbes mosaïques historiques.

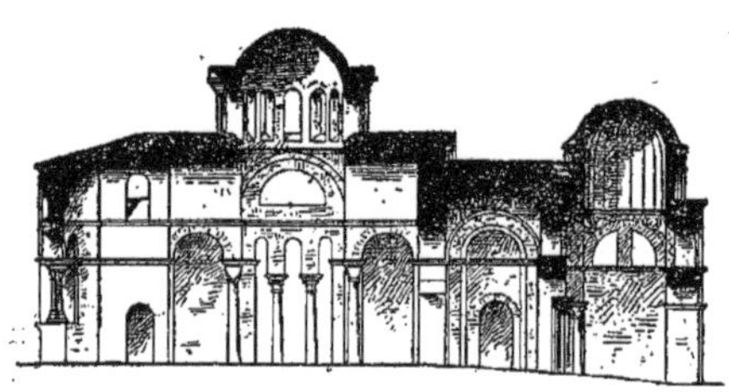

Theotocos (1). — Coupe longitudinale.

Églises d'Athènes (3). A Athènes, les églises sont petites, bâties

1. V. Gailhabaud. *Monuments anciens et modernes.*
2. V. L. Soil, *Constantinople*, année 1900.
3. V. Cte de Laborde, *Athènes aux XVe, XVIe, XVIIe siècles.* 2 vol. in-8°. Paris, 1854.

en croix grecque, avec coupole surélevée sur la croisée construite en briques et sur des murs exécutés par assises alternatives de briques et de pierres. On a expliqué l'exiguïté de ces églises par la

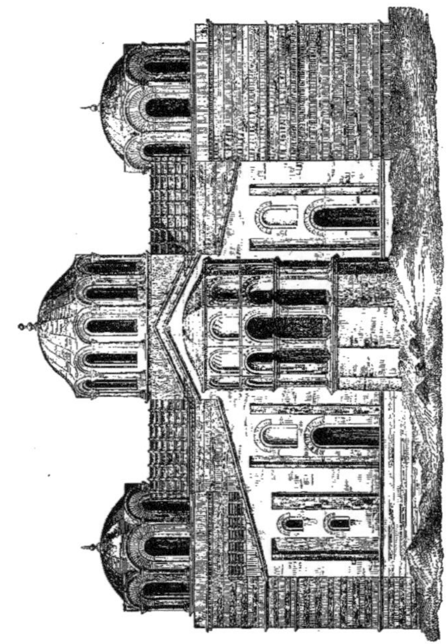

Église de la Mère de Dieu. *Agia Theotocos.*

tradition de l'antiquité païenne, qui concevait un temple comme lieu de sacrifice plutôt que comme salle de réunion des fidèles.

La décoration extérieure est en mosaïque; les figures vivantes y abondent, et les images des Saints recouvrent les voûtes et même les piliers. Un buste divin, bénissant et colossal, occupe ordinairement la partie culminante de la coupole.

L'église de Daphni, près d'Athènes (1), est le type du genre. Elle remonte au VIe siècle et le monastère, au XIe ; elle a été reconstruite elle-même au XIe siècle ; elle appartient au même type que celles de Saint-Luc de Phocide, de Saint-Nicodème d'Athènes et de Saint-Théodore de Misra. Son tambour ajouré pose par des trompes sur quatre doubleaux et sur huit piliers ; elle offre à ses flancs des contreforts ; elle est précédée d'un narthex, auquel on a ajouté un porche vers 1200. Les murs sont en grande partie formés d'assises de briques et de pierres de taille alternées.

Saint-Nicodème est du même type que l'église de Daphni ; elle a été restaurée en 1862 (2). L'église des *Saints-Apôtres* offre des raf-

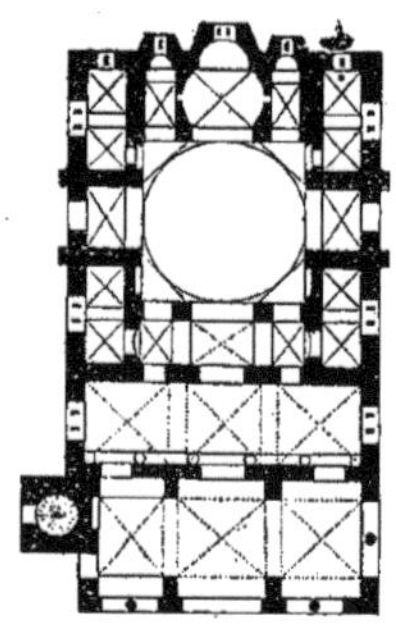

Église de Daphni. — Plan.

Église de Daphni. — Élévation.

finements particuliers dans l'amortissement des voûtes du pourtour passant du carré au polygone. L'église de la *Panagia Lycodina* offre, avec celle de Daphni, un exemple de la transformation dans la construction des coupoles : les points d'appui sont au nombre de huit au lieu de quatre ; les pendentifs sont remplacés par des trompes, système qui fut imité par les Turcs.

IIIe époque (*Style grec*, 1202-1453).

Après la conquête vénitienne le style byzantin fut altéré par

1. V. Millet, *Académie des Inscriptions et Belles-Lettres*, *1894*. — V. Dom Roulin, dans la *Revue de l'Art chrétien*, année 1903, p. 187. — V. Kondakoff, *Histoire de l'Art byzantin*. — V. P. Perdrizet, *Melnic et Rossno*. Paris, 1907.

2. V. Gailhabaud, *Monuments anciens et modernes*.

des mélanges d'architecture italienne. Il n'y eut plus qu'une coupole centrale ; les trois absides furent établies en prolongement des nefs et des bas-côtés. Les nefs furent abritées sous un toit dessinant en façade des frontons. Les tribunes des femmes disparurent ; le sexe prit place dans les bas-côtés ou le narthex, séparé par des barrières en bois. La fresque remplaça la mosaïque. Tel est le style qui se perpétua en Grèce après la conquête turque. A ce type se rapportent le catholicon, l'église de Kapnicarea et celle de Saint-Taxiarque d'Athènes ([1]).

On cite comme type de cette époque, à laquelle se rapportent de nombreuses églises d'Athènes, Sainte-Sophie à Trébizonde, due à Alexis III Comnène, vers 1200. Elle est du type justinien, et son dallage offre le plus beau spécimen des marqueteries byzantines.

Catholicon d'Athènes (3).

Dalmatie. Istrie. Nous avons déjà cité la cathédrale de Spalato, qui n'est autre que le mausolée de Dioclétien ; dans la ville même de Salone, détruite en 639, on a trouvé les restes d'une basilique latine avec atrium, narthex et baptistères.

La basilique de Parenzo ([2]), bâtie en 540, a des chapiteaux byzantins et un baptistère isolé, outre un clocher remarquable ; celle de Grado, élevée en 570, avant le remaniement qu'elle a subi au XIe siècle, ressemblait aux édifices de Ravenne ([4]).

Arménie et *Géorgie.* Aux XIe et XIIe siècles, l'Arménie eut son style d'architecture, influencé par Byzance et la Perse.

Le plan arménien, dit M. Choisy, est une variante du plan grec du XIe siècle, inscrit dans un rectangle, à trois absides non apparentes. Les arcades sont en arcs brisés ; la coupole centrale

1. V. Gailhabaud, *ibid.*, t. II.
2. V. Gailhabaud, *Monuments anciens et modernes*, t. II.
3. V. Ch. Errard et Al. Gayet, *L'art Byzantin*. H. Parenzo.
4. C. Enlart, *ouv. cité*, p. 112.

est conique, ce qui a pour raison d'être la facilité de l'appareillage en pierre.

Parmi les monuments de ces pays citons la cathédrale d'Ani (1010) (1) et celles d'Usumlar, d'Echmiadzin et de Trébizonde.

L'art de bâtir est nul au Nord du Caucase, dans la région occupée jadis par les Mongols, comme dans le bassin inférieur de la Koura, peuplé par les Tartares. Mais en Arménie et en Géorgie, abondent les constructions intéressantes.

M. Mourier (2) divise l'architecture religieuse au Caucase en quatre périodes : 1° de l'introduction du christianisme au Xe siècle; 2° du règne de Bagrat III à David le Réparateur ; 3° l'époque de la reine Thamar; 4° du règne d'Alexandre (1413) jusqu'à nos jours. La première époque est toute byzantine. Le caractère arméneo-géorgien se montre dans la seconde, la plus brillante.

L'édifice le plus remarquable est la petite cathédrale d'Ani. Une jolie et fière lanterne en tour ronde, surmontée d'un toit conique, surmonte un vaisseau en croix grecque à trois absides. L'intérieur est décoré d'arcades aveugles sur colonnettes (3). La cathédrale de Koutaïs, commencée en 1003, est une église à trois nefs, décorées dans le goût arménien. Celle de Mokuri, relativement grande, surmontée d'une élégante lanterne, est divisée en cinq nefs, bâties en marbre blanc. Celle de Caben offre le type de la décoration caucasienne ; corniche égyptienne ; des tores en relief parcourent les façades, encadrant les baies, formant des arcs, se prolongeant en colonnettes, se recourbant capricieusement, bordant les arêtes verticales, contournant des dessins en forme de croix, des losanges, des entrelacs, se doublant autour des fenêtres, des bandes sculptées, etc. ; les chapiteaux sommaires se réduisent à une boule rappelant ceux des Indous. Le monastère de Ghelati offre à la fois les formes les plus pures, et l'ensemble le plus important du style local.

L'église la plus célèbre du XVe siècle est celle de Mtzkhet rebâtie en porphyre verdâtre sous le roi Alexandre. La décoration, riche jusqu'à l'excès, est compliquée ici de motifs végétaux.

1. V. Ch. Bayet, *L'art byzantin*, p. 281. — V. J. Mourier. *L'art au Caucase*. Paris, 1896.
2. J. Mourier, *L'art au Caucase*, Paris, Maissonneuve, 1896.
3. Les millésimes 1049, 1059 se lisent sur l'édifice, mais paraissent rapportés sur un remaniement du XIIIe siècle.

Les églises de la Grèce de la dernière époque du moyen âge ont inspiré les édifices géorgiens ; ceux-ci se ressentent aussi des églises des premiers siècles en Syrie ; après les croisades, des influences occidentales pénètrent au Caucase, comme en Syrie ; « Mais nulle part, dit M. Mourier, l'art chrétien n'a étouffé les éléments nationaux; au contraire, après les avoir délivrés de la sujétion classique, il les a rappelés à la vie. »

Russie. L'art russe est un mélange d'art oriental, hindou, et d'une part prédominante d'art byzantin. C'est par Byzance que la culture de l'art s'introduisit en Russie. Wladimir-le-Grand, qui imposa à son peuple le christianisme, fut séduit par la splendeur des temples orthodoxes et appela des architectes grecs pour construire les premières églises en maçonnerie qui succédèrent aux temples en bois : l'église de la Dîmé, à Kief, et celle de Sainte-Sophie à Novgorod. Cette dernière est un édifice carré en plan, sauf la saillie de trois petites absides avec bas-côtés à tribunes et surmontée de cinq coupoles haussées sur des tambours cylindriques, celle du centre prédominant.

Sainte-Sophie à Kief.

Sous Jaroslaf-le-Grand, fils de Wladimir, Kief eut sa Porte d'or et sa cathédrale de Sainte-Sophie, restée la reine des quatre cents églises de cette ville qu'admiraient les écrivains anciens.

A côté des grandes églises en pierre se maintenait, pour les petites églises, la construction en bois avec superstructure en forme de tente, ayant pour patrie Novgorod. Les Russes furent amenés à adopter après l'invasion des Mongols la forme renflée de la coupole, qui est restée un des traits du style russe et roumain. La coupole russe devint pointue, s'effila en flèche. De là la forme bulbeuse débordante, en *oignon*, qui prévalut, comme on le voit actuellement, à la vieille Sainte-Sophie de Novgorod, aux églises de l'Assomption et de l'Archange au Kremlin. On voit apparaître le diadème *(Kokoschnik)*, comme ornement et pour faciliter la construction du tambour servant de base à la coupole. Les pendentifs furent remplacés par des trompes, les pleins cintres firent place aux arcs brisés. Les nefs sont couvertes en berceaux extradossés apparents pardessus. Le style de Novgorod était dans tout son éclat au XVIe siècle.

Le style du Nord, inspiré de la construction en bois, prévalut au XVIIe siècle (1) dans l'église de Vassili-Blagennoï à Moscou (XVIe siècle), si fantastique et si dépourvue du caractère d'unité. Le gouvernement russe dut intervenir pour prescrire de « bâtir l'église selon les règles... à cinq coupoles et non en tente », comme on lit sans cesse dans les règlements. A partir de cette époque, la forme de tente ne fut plus acceptée que pour les clochers ; car en Russie le clocher fit son apparition, et devint très important.

Les coupoles-flèches sur lanternes de Moscou, à tambours hauts comme les tours, offrent parfois une allure tourmentée et fantastique, tordue et spiriforme, à godrons, imbriqués et à côtes de melon, et une vive polychromie extérieure dont la Vassili Blagennoë ou Saint-Basile de Moscou offre un curieux exemple.

Église de la Kurtea d'Argis (Roumanie).

L'art russe se compliqua d'autre part d'influences occidentales, depuis que le grand-duc André Georgievitch appela les architectes Lombards. Mais la première influence byzantine ne s'effaça point avant l'invasion néo-classique de l'Italie. Elle prévaut surtout dans le riche décor intérieur des églises.

Les églises de Roumanie sont du type des églises russes byzantines.

Égypte. Nous avons fait connaître (2) les églises conventuelles de Sohag (IVe et Ve siècles), en Thébaïde, nommés le *Couvent blanc* et le *Couvent rouge ;* leur forme allongée nous les a fait classer parmi les basiliques latines. Toutefois leurs absides trichores les rattachent au style byzantin, tandis que leurs coupoles sont établies sur destrompes d'angle selon le procédé persan. Les églies coptes avaient en général des coupoles à trompe (3). Ce sont les restes

1. V. M. Nic. Kharousine, *Bulletins et mémoires de la Société des Antiquaires de France*, 1892, p. 84.
2. V. *L'art latin*, tract n° V.
3. V. G. Millet, dans *L'Histoire de l'art*, p. 141.

les plus considérables de l'art chrétien primitif en Égypte, avec le couvent du désert de Nitrie (Saint-Macaire, Amba-Beschaï, Souriani, Baramores) attribués au VIe siècle (1). M. Kaufman vient de découvrir les vestiges du sanctuaire de Saint-Menas; découverte d'une importance capitale, que nous ne pouvons que signaler (2).

Afrique. Le règne de Justinien a laissé en Afrique des ruines grandioses de constructions militaires ainsi que des édifices religieux d'un art inférieur. Ceux-ci ressemblent beaucoup plus à ceux de la Syrie et de l'Égypte qu'à ceux de Rome. La Tunisie avait des églises voûtées, et des absides isolées. Il faut citer en Algérie les basiliques de Tebessa, d'Orléansville et de Tipassa.

Tebessa, l'antique Theveste, possède les ruines d'un important monastère byzantin, qui remonterait à saint Augustin, et d'une basilique de l'époque constantinienne, dont les vestiges ont été relevés en 1903 par M. A. Ballu (3). La basilique à cinq nefs de Carthage date du règne de Justinien. Une inscription de 325, trouvée sur une petite église basilicale construite à Orléansville, est de nature peut-être à faire rechercher en Afrique même le prototype de la basilique chrétienne (4).

La Tunisie possède les basiliques de Haïdra, de Heitla, de Birmali et de Kef (5) ainsi que les restes d'une série de onze baptistères rappelant les rotondes de l'Asie-Mineure (6). Quatre reproduisent fidèlement le type classique de l'école byzantine.

Monuments civils. — Notre étude a principalement pour objet les monuments religieux, d'autant plus que c'est en eux que s'incarna l'art monumental. Toutefois les habitations byzantines ne manquent pas d'intérêt ni d'élégance, et les palais sont d'allure grandiose. Celui de Dioclétien à Spalato, le principal, renferme actuellement dans ses murs ruinés une ville entière (7); il offrait un ensemble des plus imposants. Son plan nous est plus ou moins connu par un

1. V. Ant. Michel, *L'Histoire de l'art*, p. 137. — V. De Bock, *Matériaux pour servir à l'archéologie de l'Égypte chrétienne*. Saint-Pétersbourg, 1901.
2. V. *Römische Quartalschrift*, 1906, 4e livr.
3. V. A. Ballu, *L'Architecture*, année 1893, p. 462.
4. V. W. R. Lethaby, *L'art du moyen âge*.
5. V. G. Gsell, *Les basiliques de Tunisie*.
6. V. Gauckler, *Académie des Inscriptions et Belles-Lettres*. Séance du 20 sept. 1904.
7. V. A. Michel, *Histoire de l'Art*, t. I, p. 135.

Serjilla (Syrie). — Habitations vulgaires.

relevé dressé il y a un siècle par Adam et Cassas. Bâti par des architectes d'Orient, il est contenu dans une enceinte rectangulaire aveugle. Trois côtés de cette enceinte étaient protégés par des tours à l'extérieur, et à l'intérieur, garnis de cellules adossées, et précédés de portiques. Les milieux opposés des quatre côtés du rectangle étaient réunis par deux avenues en croix bordées de portiques. Les quatre angles étaient occupés par de vastes salles et des appartements de thermes, et un mausolée ayant la forme d'un magnifique octogone entouré de portiques extérieurs.

On n'est pas parvenu à faire une restitution du palais de Constantin à Byzance (1); mais on sait qu'il contenait des salles basilicales, des rotondes et des octogones. Justin II, son neveu, éleva une nouvelle salle du trône en forme d'octogone à huit absides, et Théophile, au commencement du XIe siècle, une curieuse salle à trois absides nommée le Triconque.

Maisons byzantines. — D'après une importante étude du général de Beylié (2), Constantin semble avoir transporté à Byzance la maison patricienne de Rome avec ses appartements rangés autour de l'atrium et du péristyle, elle côtoyait l'habitation du type oriental, qui s'était d'ailleurs transformée. Elle comprend une enceinte fermée, sans autre ouverture que la porte; cette enceinte clôture une cour, au fond de laquelle se dresse un corps de logis à étages, avec façade décorée d'un portique. D'autres maisons dépourvues de cour alignent leur portique sur la façade à rue. C'est ce que montrent fort bien la mosaïque de Saint-Apollinaire-le-Neuf à Ravenne et le célèbre ivoire de Trèves. Il y a parfois une façade à portique surmonté d'une loggia, des étages en encorbellement, des fenêtres saillantes, des terrasses, etc. De là est venu l'usage des portiques bordant les maisons le long des rues de la plupart des villes méditerranéennes.

Dans les maisons ainsi dépourvues de cour centrale, la place d'honneur prit plus d'importance ; elle était souvent placée au premier étage, devenu déjà ce que les Italiens ont appelé le *piano nobile;* parfois elle est couverte d'une coupole, comme le montrent

1. V. De Neber, *Le palais impérial de Constantinople considéré comme prototype des palais carolingiens*, dans *Abhandlungen der Bayerische Akademie*, 1891.

2. L. de Beylié, *Les anciennes maisons de Constantinople*, Paris, Leroux 1903.
Id. *L'habitation byzantine.* Grenoble, Falque, 1902.

les miniatures deSkylitzes; cette salle est précédée d'un vaste vestibule semblable au narthex des églises. Constantinople possède

Jéradi. — Restes de maisons syriennes.

encore environ 80 maisons de cet ancien type, mais presque toutes postérieures à la conquête.

Maison syrienne. — Grâces aux circonstances favorables à la conservation des édifices on peut voir encore en Syrie des habitations des premiers siècles auxquelles il ne manque pour ainsi dire que le toit. M. de Voguë en a relevé plusieurs. Une des plus remarquables est une maison du IIIe siècle à Amrah, la plus complète de l'Haouran.

Une cour de 16 mètres de côté, fermée en avant par un mur, bordée latéralement de petits appartements, précède le corps de logis principal contenant la salle d'honneur. Derrière celle-ci, un corridor sépare l'habitation des dépendances, comprenant notamment une curieuse écurie. Ses côtés sont percés de petites baies, au nombre de onze, au fond desquelles sont creusées les mangeoires ; ces *baies* donnent sur la salle centrale d'où l'on distribuait la nourriture (1). Un escalier extérieur donnait accès au logement des esclaves; un escalier intérieur menait au gynécée. L'étage était supporté selon la méthode syrienne (2) par des dalles de pierre, soutenues par les murs et des arcades intermédiaires. Les murs extérieurs sont entièrement aveugles; mais les façades internes s'ouvrent par des portiques dignes d'un palais.

En Syrie les maisons les plus vulgaires sont construites en belles assises de pierre.

Sainte-Sophie à Constantinople (3).

Nous avons fait connaître plus haut l'évolution du style chrétien à Byzance, et signalé son apogée, que marque la merveilleuse église de Sainte-Sophie. A cause de l'importance du sujet, nous avons dû différer la description du chef-d'œuvre de l'art byzantin ; il mérite que nous lui consacrions un chapitre spécial.

1. Nous en avons donné une reproduction d'après M. de Beylié dans la *Revue de l'Art chrétien*, année 1905, p. 120.

2. V. Cabrol, *Dictionnaire d'archéologie chrétienne*, fasc. V. — V. P. Julien, *Sinai et Syrie*, p. 215.

3. V. Ducange, *Constantinopolis Christiana*, 1680.
L. Haghe, *Agia Sofia* Constantinople, as recently restored by order of the Sultan Abdul Medjid. 25 pl. Londres, 1852.
D. Pulgher, *Les anciennes églises byzantines de Constantinople*, in-fol. 30 pl. Vienne, 1880.
H. Barth, *Villes célèbres comme foyer d'art. Constantinople*, in-8°. Leeman, Leipzig 1901
J. Labarte, *Le Palais impérial de Constantinople et ses abords. Sainte-Sophie, le Forum Augustéon et l'Hippodrome tels qu'ils existèrent au Xe siècle.* Paris, in 4°, Didron, 1861.
M. R. Lethaby et H. Swaison, *The church of Santa Sophia. Constantinople. Study of byzantine building.* Maximilian, Londres, 1894. — V. Salzenberg, *Altchristliche Baudenkmaele von Constantinopel.* Berlin, 1854.

Constantin avait élevé à Constantinople une basilique dédiée à la Divine Sagesse. Ruinée à deux reprises différentes, elle fut relevée au VIe siècle par Justinien. Celui-ci commença le nouveau temple en 532, la cinquième année d'un règne (527-565), qui fut pour Constantinople ce qu'avaient été celui de Périclès pour Athènes et celui d'Auguste pour Rome.

Justinien voulut ériger « le plus magnifique monument qu'on eût élevé depuis la création. » Il confia ce grand œuvre à un architecte grec, *Anthenius de Tralles*, auquel succéda *Isidore de Millet* (1). Il fit confectionner pour l'exécution de la coupole des

Justinien prosterné aux pieds de Notre-Seigneur. — Mosaïque de Ste-Sophie.

briques en terre très légère ; chacune de ces briques porte cette inscription : « *C'est Dieu qui l'a fondée, Dieu lui portera secours* (2). »

Le temple bâti avec tant d'humilité et de saint enthousiasme, fut décoré avec magnificence. Tous ses murs furent couverts de mosaïques à fonds dorés ou de revêtements en marbres précieux. Les chapiteaux et les corniches furent dorés, les voûtes des bas-côtés,

1 Paul le Silenciaire, *Corpus Script. hist. byzant.*, in-8°. Bonne, 1842. — V. la notice de M Ch. Lucas dans le vol. II de la *Biographie universelle des architectes célèbres*, reproduite dans la *Revue de l'Art chrétien*, année 1872, p. 314. — V. le *Glossaire* de du Cange.

2. Les Assyriens avaient fait le contraire : chaque brique des murs de leurs palais portait le nom du roi fondateur avec une imprécation terrible contre ceux qui toucheraient à leur œuvre.

peintes à l'encaustique ; à l'abside, couverte comme la grande coupole de mosaïques splendides, Justinien s'est fait représenter prosterné aux pieds du Christ en Majesté.

Pour parfaire cette merveille, l'empereur épuisa les dépouilles des barbares et le tribut des provinces de l'empire. Il alla jusqu'à fondre les tuyaux en plomb des fontaines publiques et à les remplacer par des conduits en terre.

Seize années après la pose de la première pierre la basilique était achevée. Pour célébrer sa consécration, Justinien fit distribuer au peuple mille bœufs, dix mille moutons, six cents cerfs, mille porcs, vingt mille poules, et trente mille mesures de grain. Il entra dans le temple avec le Patriarche, et du haut de l'ambon il s'écria : « Gloire à Dieu, qui m'a jugé digne d'accomplir cet ouvrage ! je t'ai vaincu, Salomon ! » L'église ayant été bénite, il fit répandre sur le pavé trois quintaux d'or qui furent ramassés par le peuple.

Aujourd'hui la grande basilique chrétienne est changée en mosquée. Elle est dépouillée de ses riches ornements. De grands tapis turcs cachent son beau pavé de marbre vert de Proconèse, orné de nuances rubanées qui représentent les ondes des quatre fleuves mystiques. Les mosaïques sont impitoyablement badigeonnées tous les deux ans, et leurs cubes incessamment arrachés par les jeunes softas qui les vendent aux étrangers ; tout ce qui est peinture a été effacé. On a détruit le somptueux mobilier qui garnissait le plus fameux des temples chrétiens. Ce mobilier comprenait une énorme profusion de vases précieux, de candélabres, de croix d'autels, tout en or massif. Dans le sanctuaire *(bema)* se trouvait l'autel majeur fait, dit-on, avec un mélange d'or et d'argent, de fer et de platine, que l'on fit fondre ensemble ; il fut incrusté de pierres rares, orné de perles et de diamants. La table reposait sur quatre colonnes d'or ; au-dessus s'élevait *le ciborium*, avec quatre colonnes et avec quatre arcs d'argent portant une coupole d'or, surmontée d'un bloc d'or pesant 110 livres et d'une croix d'or de 80 livres.

La coupole a $33^{m},25$ de diamètre ; l'édifice mesure $81^{m},30$ de longueur sur $66^{m},30$ de largeur dans œuvre. La superficie couverte est de 7000^{m2}, et la hauteur totale du dôme a $56^{m},00$. L'édifice est établi sur une plate-forme de béton.

Extérieur de l'église Sainte-Sophie à Constantinople.

Malgré toutes les précautions prises pour donner à la coupole une grande légèreté et à son support une grande résistance, des fissures s'y produisirent à la suite de tremblements de terre répétés, et elle s'écroula le 4 mai 508. Le neveu d'Isidore de Millet la reconstruisit avec une plus grande élévation et en renforçant les grands arcs. On laissa plus longtemps en place les cintres et leur puissant échafaudage; au décintrage, on inonda l'église pour que les bois en tombant ne pussent ébranler la voûte nouvelle. Enfin on établit à l'extérieur, au-dessus des arcs transversaux quatre lourds et massifs contreforts qui ont gâté irrémédiablement l'aspect de l'édifice vu du dehors.

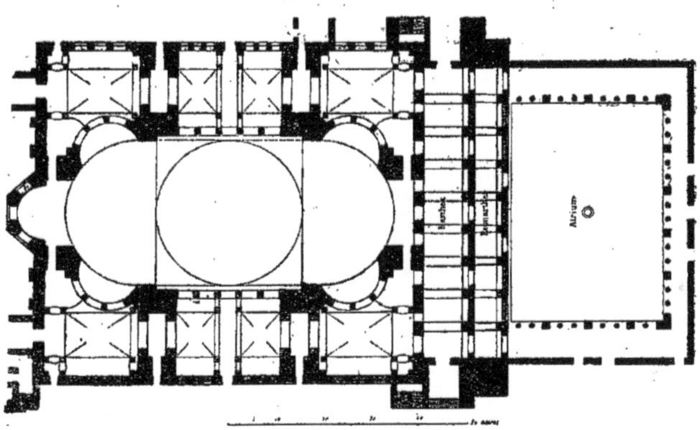

Sainte-Sophie. — Plan à terre.

L'ordonnance générale de Sainte-Sophie procède de l'idée d'un *plan carré*, d'un édifice s'élevant *en croix grecque* et se terminant en *coupole*.

Quatre piliers énormes déterminent un espace central carré, sur lequel la coupole s'élève par l'intermédiaire de quatre pendentifs. Deux hémicycles, s'ajoutant au carré vers l'entrée et vers le fond, et percés eux-mêmes d'absidioles, étendent le carré et en font un long rectangle, au fond duquel s'élevait l'autel, dans l'abside du chevet plus développée que les autres.

Le chœur était tourné de manière que l'officiant, placé derrière l'autel, regardât vers Jérusalem et vers le tombeau du Christ. Des bas-côtés règnent au Nord et au Midi; le tout est précédé d'une galerie ou *narthex*, et d'un vaste vestibule tenant lieu d'*atrium*. Neuf passages mènent de l'atrium dans la galerie ; neuf portes donnent accès dans le temple ; ces portes étaient ornées d'ivoire, *d'electrum* et d'argent ; selon la tradition, elles auraient été faites des débris de l'arche de Noé.

La partie dominante, celle qui captive l'attention, est la grande coupole centrale, d'une légèreté sans rivale. Elle est portée par quatre arcs gigantesques en plein cintre ; les deux grands hémicycles et les cinq petites absides qui font pénétration dans les flancs de ceux-ci, sont couverts de voûtes en quart de sphère. Cette combinaison de demi-coupoles avec la coupole maîtresse, dont les points d'appuis sont peu apparents, donne à l'ensemble une légèreté qui déconcerte ; le dôme central semble comme suspendu dans les airs. L'intrados est raidi par quarante nervures méridiennes.

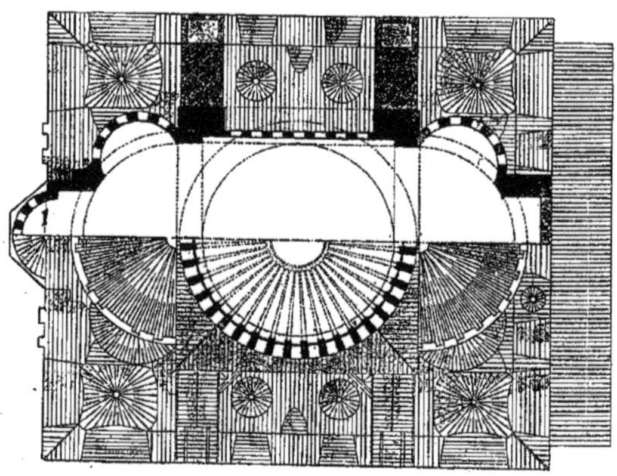

Sainte-Sophie. — Coupe sous la coupole et plan des toitures.

Tandis que la voûte du Panthéon de Rome n'est percée que d'une ouverture de huit mètres de diamètre à son sommet, celle de Sainte-Sophie est ajourée par les fenêtres pratiquées à sa naissance; elles forment comme une couronne de lumière, inondant le vaisseau de clarté à toute heure du jour. L'immense calotte, autrefois resplendissante de dorures, apparaît suspendue dans les airs comme un baldaquin céleste.

Cette conception architecturale, visible tout entière de l'entrée, procure immédiatement au visiteur le maximum de l'émotion, en lui faisant tout embrasser d'un coup d'œil.

L'effet de Sainte-Sophie est beaucoup plus saisissant que celui de Saint-Pierre de Rome, qui est pourtant incomparablement plus vaste. A Saint-Pierre, il faut, avant d'apercevoir la coupole qui en forme le couronnement, parcourir la longue nef. A Sainte-Sophie, au contraire, dès qu'on a dépassé la porte centrale le vaisseau large et profond se révèle tout entier aux yeux éblouis. La vaste coupole illuminée par sa couronne de fenêtres apparaît gigantesque. Des deux côtés deux étages des tribunes avec leurs galeries d'étage, et les nombreuses fenêtres qui les surmontent, exaltent les proportions par leurs divisions nombreuses et leurs dimensions modérées. Une lumière douce et égale se répand partout, faisant ressortir l'unité de l'ensemble.

Le dôme central semble comme suspendu dans les airs ; et quand le soleil, dans sa course journalière, fait le demi-tour du

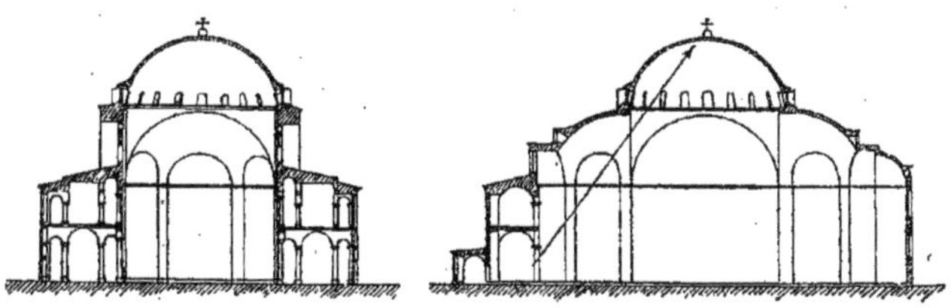

Sainte-Sophie. — Coupes schématiques.

ciel, il ne cesse pas un instant d'inonder le temple de sa lumière, divisée par les quarante fenêtres ménagées à sa base en faisceaux de rayons dorés. La coupole apparaît comme un diadème céleste, comme un dais surnaturel suspendu au-dessus de l'autel du Vrai Dieu.

Mais de telles choses ne peuvent être bien décrites que par ceux qui les ont vues de leurs yeux. Laissons donc un grand artiste nous faire part lui-même de ce qu'il a ressenti en contemplant cette merveille. Voici comment s'exprime feu J. Helbig, décrivant la merveille byzantine [1].

1. J. Helbig, *Conférence au Cercle « Concordia », de Liége*, supplément du *Courrier de Bruxelles*, 29 mars 1891.

« La première impression, en entrant dans cette basilique, c'est celle de la puissance et d'une solennelle grandeur.

« On ne saurait guère la comparer à d'autres grands édifices à coupoles : Saint-Pierre de Rome a des proportions beaucoup plus vastes, mais la grandeur de Saint-Pierre ne se manifeste à l'esprit que par le raisonnement et la déduction. Il n'a qu'un étage et toutes ses proportions sont colossales. Sainte-Sophie a deux étages et la proportion des détails répond aux dimensions de l'ensemble. La coupole du Panthéon de Rome aussi est plus grande, mais elle tient à la terre par les murs en forme de tambour qui la soutiennent. Le décor des marbres et du revêtement des murs de Sainte-Sophie est plus riche que celui du Panthéon de Rome, et la splendeur des mosaïques de ses voûtes surpasse notablement celle de Saint-Pierre.

« Dans cette dernière église, il faut, avant de s'apercevoir de la coupole qui en forme le couronnement, avoir fait un long trajet dans la nef.

« Il n'en est pas de même à Sainte-Sophie.

« Le vaste narthex avec ses neuf portes par lesquelles on a accès au temple, a les proportions d'une église dont la nef serait allongée outre mesure. Dès que l'on a dépassé la porte centrale, le vaisseau large et profond du temple lui-même s'ouvre aux yeux éblouis. Cette vaste et aérienne coupole, illuminée de sa couronne de fenêtres et qui semble, suspendue dans les airs, se résoudre en quelque sorte dans les deux demicoupoles de son axe longitudinal ; ces tribunes qui reçoivent la retombée des demi-coupoles ; la lumière, à la fois si égale et si douce qui se répand dans toutes les parties de cette nef énorme, et dans les tribunes de l'étage large comme des nefs ; les marbres aux couleurs ambrées et opalines qui tapissent les parois des régions inférieures en faisant valoir les tons vigoureux des colonnes ; le ciel d'or qui scintille aux voûtes — tout cela, au premier abord, vous reporte à une grande époque. Le monument raconte le puissant effort d'un grand homme, secondé d'ailleurs par de véritables artistes vivant dans un siècle, qui se débattait entre les agonies d'une décadence déjà vaincue et les douleurs d'une laborieuse renaissance !

« Si l'on veut analyser cette impression ; si de ce puissant effet d'ensemble on passe à l'examen des détails, l'œil sans doute pourra être choqué par l'imperfection de bien des parties de l'édifice ; par la disproportion de cette abside du chœur si exiguë, avec l'ampleur de la nef centrale ; par l'empâtement considérable et trop peu dissimulé des quatre massifs de maçonnerie qui reçoivent les pendentifs de la coupole centrale ; par ces chapiteaux au feuillage si varié qui ne se placent pas toujours correctement sur le fût des colonnes et dont l'astragale est remplacé par des anneaux en bronze doré qui ont pour objet de dissimuler le joint. L'archéologue et l'artiste, familiarisés de longue date avec le plan de Sainte-Sophie, n'en restent pas moins surpris que le tracé si compliqué, qu'ils ont étudié dans les traités d'architecture, produise un effet si saisissant, un tout si facile à embrasser et à saisir, un édifice d'une harmonie si grandiose et d'une impression à la fois si douce et si religieuse...

« Mais que de pensées et de souvenirs viennent assaillir l'âme du chrétien sous ce dôme élevé avec tant de sollicitude et de fierté par Justinien ; dans ces nefs inondées des larmes des vaincus de Mahomet, aujourd'hui souillées par le culte de ses adeptes ! Toutes les grandeurs et toutes les hontes des règnes du Bas-Empire

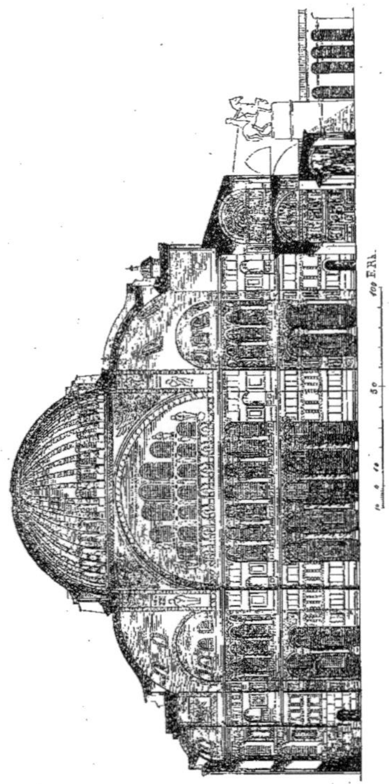

Coupe de Sainte-Sophie à Constantinople.

semblent défiler en un long et silencieux cortège dans ce temple désormais muet, où la solitude n'est plus troublée que par la mélopée traînante de l'Iman récitant sa prière, ou le chant aérien du muezin appelant du haut du minaret voisin, l'infidèle au fidèle accomplissement des actes de son culte !

« Cependant Sainte-Sophie ne raconte pas seulement la longue histoire des luttes sans cesse renaissantes de l'Orient et de l'Occident, du Christ et de Mahomet, de la civilisation et de la force, sa construction marque aussi une grande étape dans l'art, et sous ce rapport le monument élevé à la Sagesse divine, restera une œuvre unique.

« L'édifice, au cours des siècles, a subi de nombreuses modifications. Dans son état actuel, lorsque l'œil s'est fait à cet ensemble, il reconnaît aisément qu'en bien des endroits une très médiocre imitation peinte a remplacé la forte et transparente coloration des mosaïques. Nulle part les figures hagiographiques et historiques du grand style de Justinien ne sont restées visibles. Aux pendentifs de la coupole, de gigantesques chérubins étalant chacun trois paires d'ailes aux teintes nacrées et chatoyantes, ont été conservés, mais les têtes dont la vue pouvait blesser les bigots de l'Islam, ont été remplacées par d'ineptes étoiles. D'énormes disques verts sur lesquels sont tracés, en gigantesques méandres, les versets du Coran ; des œufs d'autruches suspendus aux archivoltes ; des lustres du dessin le plus vulgaire et enfin une sorte de galerie en bois, simulant le métal et contournant les tribunes, témoignent de ce que l'art décoratif des Musulmans a fait pour le temple qu'ils ont conquis ! Le visiteur se consolera en recherchant ce qu'ils ont respecté.

« Au fond de la demi-coupole de l'abside du chœur, on voit transparaître encore sous une couche de peinture récente, le relief du nimbe du Christ représenté dans sa gloire, et le contour de la figure de l'Empereur Justinien agenouillé à ses pieds.

« Dans le gynécée — ce sont les galeries de l'étage — sur les dalles de marbre qui servent de clôture vers la grande nef, on voyait autrefois de nombreuses croix grecques appuyées sur des bases ornementées. Elles ne sont plus rappelées aujourd'hui que par les tailles du ciseau qui les a effacées. De toutes parts les colonnes hors plomb et les murs inclinés vers l'extérieur accusent la poussée des voûtes, les tassements des siècles et les secousses des tremblements de terre. Des chapiteaux choisis avec soin, et dont aucun n'appartient aux ordres de l'antiquité classique, bien qu'empruntés à des monuments divers, font connaître, par la variété de leur végétation, les conditions dans lesquelles le monument a été construit. En revanche, sur les parois, les longues litres artistement sculptées et ornées de la feuille de platane — l'arbre par excellence du Bosphore — annoncent l'effort de la Renaissance, le travail original d'un art autochtone. Dans le gynécée, une clôture en marbre blanc sculpté, imitant des portes de bois avec leur ferronnerie ornée, la porte du *Ciel* et de l'*Enfer*, suivant l'explication fantaisiste du softa qui nous accompagne — semble aussi empruntée à un monument préexistant.

« Lorqu'on est resté quelque temps dans Sainte-Spohie, on est presque effrayé par la vacuité de cette immense enceinte. Quelques estrades à peine élevées au-dessus du pavement, une loge ornée de treillis artistement ouvragés destinée au Sultan, une sorte de chaire nommée *mimber*, de longues files de nattes et de tapis, voilà tout le mobilier de la mosquée.

« Le *Khatib* monte le vendredi au haut de ce *Mimber* pour y faire la lecture du Coran, tenant le sabre nu à la main, afin de rappeler que la mosquée, conquise par les armes, devra être défendue par le glaive. Cette chaire, qui remplace l'autel et vers laquelle sont alignés toutes les nattes et les tapis, n'est pas posée dans l'axe de la nef. Elle indique l'orientation de la Mecque, vers laquelle l'Osmanli se tourne pendant sa prière ; l'axe du monument est orienté sur la région sanctifiée par la vie et la mort du Christ...

« L'œil cherche douloureusement dans le vide l'autel absent du sanctuaire, le jubé de clôture de l'abside, autrefois si somptueux, les ambons où se faisait le couronnement des empereurs. Il reconnaît encore dans le temple toutes les dispositions commandées par les rites de notre foi, il n'en retrouve plus ni les symboles, ni la vérité, ni la vie. Les émotions et les admirations de l'artiste et de l'antiquaire ont cessé, et le chrétien sort de la mosquée le cœur oppressé pour aller respirer au grand air. »

Tel est esquissé à grands traits, ce monument qui fut autrefois le plus beau que possédât l'Église, et qui est maintenant perdu pour la chrétienté ! Il fit l'admiration des peuples, et servit de modèle à beaucoup d'autres temples; naguère encore, celui du Vœu national de Montmartre a été édifié, dans une certaine mesure, selon les formes dont il a été le type grandiose, et la nouvelle cathédrale catholique de Westminster s'inspire du style éclos à Byzance.

Au point de vue de l'histoire monumentale, Sainte-Sophie présente un intérêt de premier ordre. Il y a de par le monde un petit nombre de ces édifices, qui résument les progrès accomplis jusqu'à nous, et marquent réellement les grandes étapes de la marche de l'art, et les points de départ reconnus de ses évolutions successives ; quand ils ont la valeur de l'église de Justinien, ils sont plus encore, ils en marquent un des lumineux sommets.

Rappelons que la basilique latine offre essentiellement trois avenues, dont l'ordonnance uniforme conduit le regard et la pensée jusqu'à l'abside et vers l'autel : heureuse disposition qui établit une parfaite harmonie entre la forme de l'église et sa destination liturgique. Ici au contraire, la partie dominante, celle qui attire l'attention, est la grande coupole centrale. L'abside est formée de la principale entre cinq niches percées dans les grands hémicycles. Les bas-côtés ne donnent aucune vue sur le sanctuaire.

Vue de l'extérieur, l'église offre l'aspect d'une immense rotonde, terminée en dôme surbaissé et renforcé par des contreforts massifs et disgracieux, entre lesquels se développent des annexes secondaires. Des minarets modernes s'élèvent aux quatre angles.

L'intérieur au contraire est d'une puissance d'effet incomparable.

Si on laisse de côté le point de vue de la convenance de la forme par rapport à l'usage original de l'édifice, et que l'on envisage le monument comme un grand vaisseau voûté, il constitue un des chefs-d'œuvre de l'art humain. Il offre un tout complet et, presque irréductible et inextensible, auquel on ne pourrait en quelque sorte rien ajouter ou retrancher sans en gâter l'ordonnance. Il offre un type superbe, quoique imparfait, des édifices à coupole, comme le Parthénon est l'idéal du temple à colonnes architravées ; et en dehors de ces deux types, le monde n'a vu élever aucun genre de monument aussi admirable, hormis les cathédrales gothiques.

Pour bien juger de la perfection de Sainte-Sophie, il importe de la comparer aux autres grands édifices à coupole centrale unique, et de voir combien le parti tiré de la coupole est ici incomparablement plus heureux que dans Saint-Pierre de Rome, dans le Panthéon de Paris, etc.

On retrouve des types analogues dans les grandes mosquées turques élevées près d'un millier d'années plus tard, notamment dans la grande *mosquée de Soliman* à Stamboul (1558) et dans la mosquée d'Achmet (1469) à Constantinople, bâtie sur plan cruciforme. Dans cette dernière le système byzantin est à certains égards plus logiquement développé. La coupole est parfaitement contrebutée à l'aide de quatre hémicycles, le plan en croix grecque est complet. La mosquée de Sélim à Andrinople a pour abri une rotonde posant sur huit gros piliers. Beaucoup d'autres n'offrent qu'une salle carrée couverte d'une coupole.

L'influence byzantine en Italie.

Italie méridionale [1].

Pendant plusieurs siècles une partie de l'Italie méridionale, l'ancienne grande Grèce, s'est rattachée à l'empire byzantin par l'administration, les mœurs et la religion. Près d'une centaine de monastères de l'Ordre de Saint-Basile furent fondés en Calabre avant les Normands, et ceux-ci eux-mêmes adoptèrent dans une large mesure la civilisation hellénique. A la fin du VIIIe siècle

1. V. E. Berteaux, *L'Art dans l'Italie méridionale, de la fin de l'empire romain à la conquête de Charles d'Anjou.*

fut élevée à Bénévent une église sur le modèle de Sainte-Sophie de Constantinople. A Bari, à Canossa, à Molfeta se retrouve la coupole combinée avec des formes latines. Le plan de Saint-Nicolas de Myre à Bari est parfaitement byzantin, avec narthex et exonarthex développés.

En Sicile, après la conquête normande, le roi Roger se servit d'architectes byzantins formés au goût arabe; cependant, avec les Normands aussi, la Sicile était rentrée sous la dépendance romaine. On revint pour les églises au plan basilical en *tau*, mais on surmonta la croisée d'une coupole.

Ce sont des Byzantins qui ont orné de si belles mosaïques le dôme de Cefalu (1148) (1). Cet édifice représente l'union intime du style byzantin avec l'architecture normande. Nous y retrouvons le même dispositif de façade que dans certaines églises syriennes : deux tours carrées se dressent en avant, reliées par les trois arcades d'un porche extérieur. Les mosaïques qui ornent l'intérieur, et qui sont fort belles, sont parmi les plus anciennes connues.

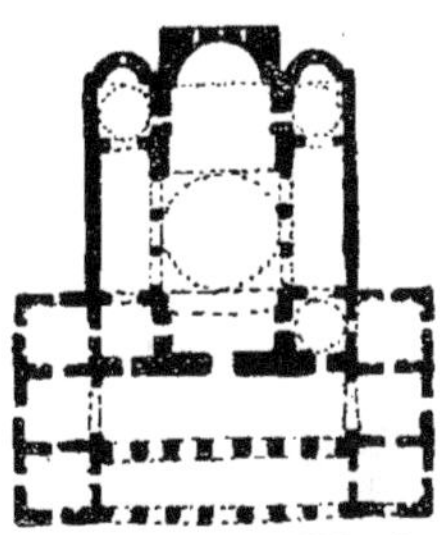
Plan de Saint-Nicolas de Myre à Bari.

L'influence byzantine persiste dans les mosaïques et les chapiteaux du dôme de Monréale (1182) (2), dont le plan est latin, et les arcades d'allure arabe. Cette église aussi s'annonce par deux tours carrées, en saillie sur la façade, comprenant entre elles un triple portique (modernisé). A l'intérieur la lumière qui descend du dôme fait scintiller un monde de mosaïques à fond d'or. Du fond de l'abside, vous regarde un Christ grandiose qui fascine les fidèles dès l'entrée.

La chapelle palatine de Palerme est un joyau de style sicilien du XIIe siècle. Elle fut construite en 1132, par le roi Roger III, avant les basiliques de Cefalu et de Monréale dont elle est le prototype. C'est une basilique latine, dont le chœur est surmonté d'une coupole byzantine de 18 mètres de hauteur, trouée de huit fenêtres, qui répandent dans le sanctuaire une abondante lumière.

1. *Op. cit.*, p. 108.
2. V. L. Lambelin, *La Sicile*, Desclée, De Brouwer & Cie, 1894, p. 84.

Cathédrale de Cefalu.

Des mosaïques à fond d'or, ombrées de teintes fauves, couvrent

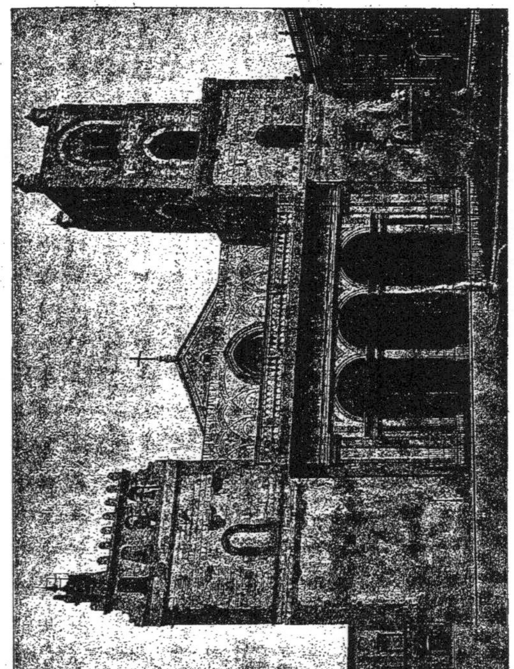

Cathédrale de Monréale.

les murs. Elles racontent la vie de S. Pierre et de S. Paul, et des scènes de l'ancien et du nouveau Testament.

Des coupoles d'allure orientale sont juxtaposées sur la terrasse qui recouvre l'église de Saint-Jean des Ermites à Palerme [1] (1132), qui a été bâtie sur un plan en croix égyptienne.

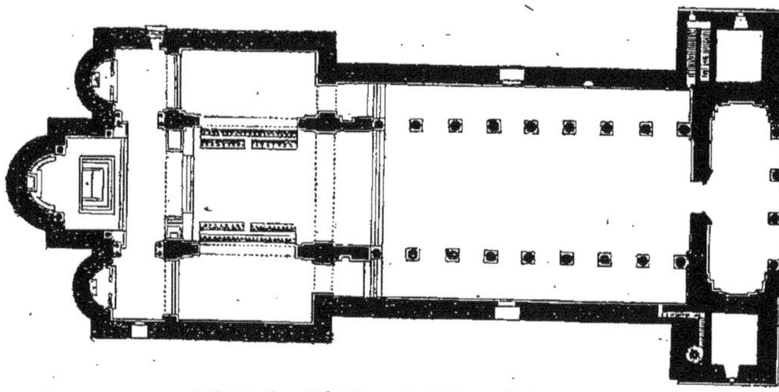

Plan de l'église de Monréale.

La coupole byzantine apparaît ensuite à Sainte-Marie de l'Amiral (1129), dont les arcades sont néanmoins en arcs brisés, ainsi qu'à la chapelle de San Cataldo, deux autres édifices du XIIe siècle à Palerme. Les coupoles sont établies sur trompes selon le procédé persan. Saint-Jean de Syracuse est une petite église en croix grecque, du XIIe siècle. Le dôme de Syracuse, qui date du XIIe siècle, offre un plan en croix grecque et un portail roman.

La chapelle palatine de Palerme.

Les cathédrales de Palerme (1170) et de Messines (1130) sont latines par le plan et byzantines par le décor [2]. C'est surtout par la mosaïque, que l'influence byzantine s'est fait sentir à Rome et dans le centre de l'Italie.

L'élection d'une série de papes grecs ou syriens du VIIe au Xe siècle attira à Rome nombre d'artistes byzantins. Mais c'est

1. *Op. cit.*, p. 72.
2. *Op. cit.*, p. 53.

Palerme. — Église et cloître de Saint-Jean des Ermites.

durant les Xe et XIe siècles que l'influence byzantine s'exerça avec le plus d'énergie, alors que l'Italie méridionale était tributaire d'artistes de Constantinople.

Italie septentrionale.

École de Ravenne. — Au Ve siècle la large voie de l'Adriatique porte vers Salone, Parenso et Ravenne les marchands, les prêtres et les artistes de l'Orient. Devenue la capitale de l'Occident sous Honorius qui fuyait Rome devant les Barbares en 401, Ravenne était une des principales villes d'Italie (1), pleine de monuments antiques. Le séjour de la cour amena la construction de monuments somptueux et de riches églises, telles que Sainte-Croix, Sainte-Marie-Majeure et plus tard Saint-Vital. Des relations suivies avec Constantinople imprimèrent à l'art un caractère tout oriental. On vit réunis à Ravenne le luxe de Byzance et celui de Rome. L'impératrice Galla Placidia, la romanesque sœur d'Honorius, y éleva en 440 l'oratoire de Saint-Nazaire et Saint-Celse, destiné à devenir son mausolée.

Portraits de l'Impératrice Galla Placidia, d'Honorius et de Valentinien III. (Médaillon de la croix de Galla Placidia à la grandeur de l'original) (2).

Plus tard, sous le règne de Théodoric et la domination des Goths, se produisit une activité nouvelle et plus intense encore. L'église de Saint-Théodose, la cathédrale des Ariens devenue depuis l'église du Saint-Esprit, leur baptistère devenu depuis l'église de Sainte-Marie-en-Cosmedin, l'église de Saint-Martin aujourd'hui Saint-Apollinaire-le-Neuf, etc. s'élevèrent autour du palais de Théodoric.

1. La prospérité de la ville était due au port de Classis, éloigné de Ravenne de quelques kilomètres.
2. Phot. Capitani à Brescia

Or les Goths, venus du Pont-Euxin, restèrent fidèles aux traditions byzantines de leurs prédécesseurs. Ch. de Linas a établi que c'est par eux que s'est propagée en Europe l'orfèvrerie cloisonnée ; ils furent les intermédiaires entre l'Orient et l'Occident.

Ravenne est encore aujourd'hui le seul endroit pouvânt donner une idée de l'ancien monde chrétien ; elle est comme la Pompéï byzantine. Ses nombreuses églises, superbes mais dévastées, offrent dans leurs vaisseaux dénudés des trésors d'art.

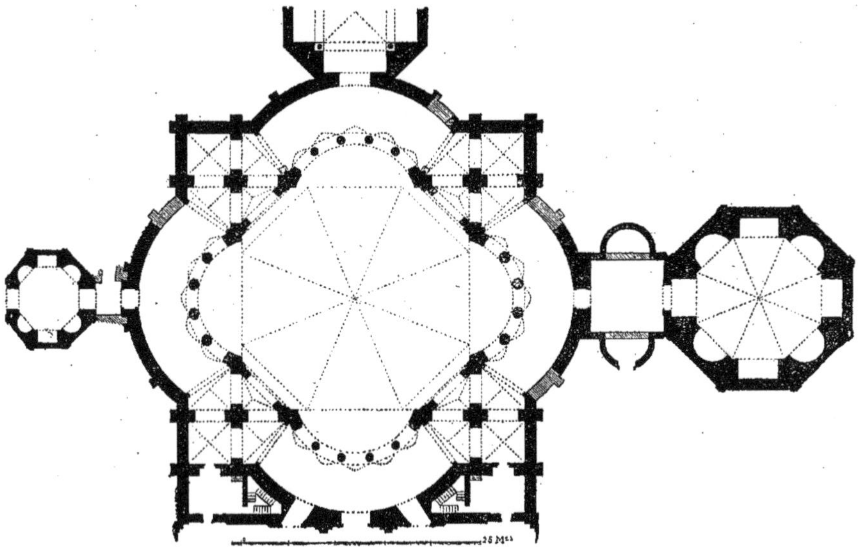

Plan de Saint-Laurent à Milan. (D'après de Dartein).

La prospérité de Ravenne dura jusqu'à la suppression de l'Exarchat au VIIIe siècle.

Églises en rotonde. — Quand on se rappelle les églises rondes ou octogonales de l'Orient et de la Grèce chrétienne dont nous avons parlé plus haut, on est frappé de leur étroite parenté avec nombre de constructions religieuses du Nord de l'Italie parmi lesquelles il faut citer surtout Saint-Vital de Ravenne dont nous reparlerons.

Il en était de même de la curieuse église, d'une haute antiquité, qu'a remplacée l'église actuelle de Saint-Laurent à Milan, rebâtie

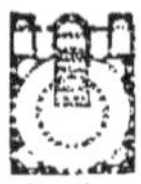

sur la même plan ; c'était aussi une rotonde byzantine à coupole centrale, flanquée de quatre hémicycles, et entourée de collatéraux à étage (1).

Rotonde de Brescia.

On rencontre aussi en Lombardie des rotondes annulaires, telles que celles de Brescia, de Santa Fosca de Torcelli et de la curieuse église de Saint-Thomas d'Alemno (2), qui ne remonte probablement qu'au XIIe siècle, mais

Intérieur du tombeau de Galla Placidia à Ravenne.

reproduit le type des rotondes d'Anatolie avec coupole posant sur huit colonnes, leurs bas-côtés et leur abside profonde.

1. V. de Dartein, *Encycl. d'architecture*, t. V, p. 446. — V. J. Kohte, *Die Kirche San Laurenzo in Mailand* und *Die Zeitschrift für Bauwesen*, Berlin, 1890, liv. IV à IX.
2. V. de Dartein, *loc. cit.*

Nous avons dit plus haut que le Saint-Sépulcre et la mosquée d'Omar ont été bâtis sur un plan eurythmique dérivé de l'octogone étoilé ; il paraît en être de même des octogones d'Occident comme ceux de Ravenne, de Milan et d'Aix-la-Chapelle, ainsi que du baptistère de Pise [1] ; nous reviendrons sur ce tracé.

Églises en croix. — D'autre part un des types orientaux, celui en croix, se retrouve à Ravenne dans la chapelle funéraire de Galla Placidia, qui d'ailleurs pourrait dériver des monuments funéraires romains ; c'était la forme du mausolée de Constantin à Constantinople, dédié aux saints apôtres. On admet que ce dernier a pu engendrer l'église en croix de Saint-Nazaire à Milan, bâti en 382 par saint Ambroise, mais reconstruit au XVIe siècle, et celle de Saint-Nazaire et Saint-Celse de Padoue, élevée par Galla Placidia elle-même. L'église de Milan était dédiée aussi aux Saints Apôtres avant que saint Ambroise y transportât les reliques de saint Nazaire. L'église de Sainte-Agathe à Ravenne présente le même plan que Saint-Nazaire.

Premières coupoles sur pendentifs [2]. — Le déplorable système de spoliation des édifices antiques que nous avons fait connaître, en traitant du style latin, reçut son application en Occident partout où existaient des monuments antiques, et particulièrement des temples païens.

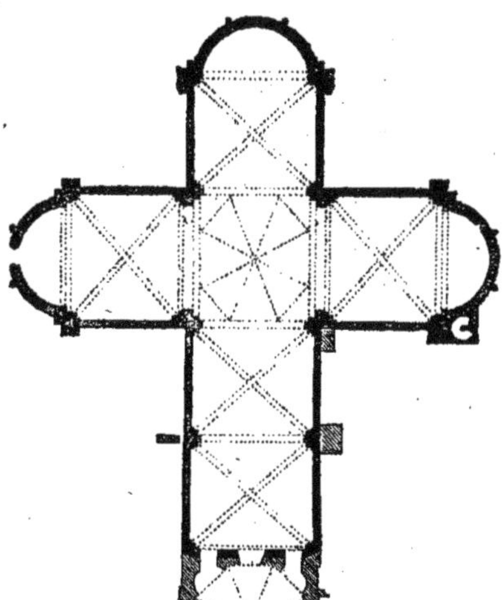

Plan de Saint-Nazaire à Milan.

» Il n'y eut guère d'exceptions à cette règle, dit feu E. Reusens, si ce n'est à Rome, à Ravenne et à Milan. Dans ces trois villes, principalement dans la première, on éleva au Ve et au VIe siècle, sans recourir à la dévastation d'édifices

1. V. Gailhabaud, *Monuments anciens et modernes*, t. II.

2. V. Texier, *Architecture byzantine*, p. 143. — Influence byzantine à Ravenne, V. *Revue de l'Art chrétien*, p. 70, note,

antérieurs, toute une série de monuments importants, dont plusieurs, encore debout aujourd'hui, témoignent qu'il existait là, à cette époque, une brillante école de constructeurs intelligents et bien doués. Les progrès réalisés par cette école exercèrent une grande influence sur le développement de l'art architectural tant en Orient qu'en Occident [1]. »

Mais ici l'on rencontre un système de construction nouveau et nettement distinct du type de la basilique. Il est caractérisé par l'emploi de la voûte sphérique et même de la voûte à pendentifs.

Les progrès réalisés à Ravenne parais sont dus à une influence orientale, ils ont probablement leur source en Syrie et en Palestine, pays en relation commerciale avec cette partie de l'Italie.

La coupole, il est vrai, avait été employée par les Romains, sans doute à l'exemple des Orientaux, dans le Panthéon, dans le *laconicon* de Caracalla et dans la salle dite de la *Minerva Medica* à Rome. Celle-ci offrait un modèle de salle polygonale couverte en coupole à dix secteurs, et élargie par autant d'absidioles voûtées en demi-coupoles. Elle fut imitée en Orient ; l'église d'Antioche fut une application hardie de ce système. De ce type d'édifice il n'existe dans l'ancien empire byzantin qu'un seul exemple, l'église Saint-Georges de Salonique, aujourd'hui transformée en mosquée. C'est une rotonde entourée de sept absidioles carrées, la huitième servant d'entrée.

A Saint-Ambroise de Milan, dans une aile du côté de l'Épître, on montre une petite chapelle attribuée au IVe siècle, couverte d'une coupole hémisphérique remarquable par ses antiques mosaïques. Cette coupole repose sur plan carré par des coins en encorbellement.

Les deux édifices qui témoignent surtout de ces progrès précoces de l'art chrétien sont, à Ravenne, le mausolée de l'Impératrice Galla Placidia, dont nous avons parlé plus haut, bâti vers 440, et le *baptistère* de Ravenne, élevé vers 450. Ces deux édifices, antérieurs d'un siècle à Sainte-Sophie de Constantinople, offre deux des premiers exemples connus de l'emploi de la coupole sur pendentifs. Le tout premier exemple byzantin est l'édicule de S. Celse et S. Nazaire [2].

1. E. Reusens, *Éléments d'archéologie chrétienne*, t. I.

2. M. Choisy a observé la calotte sur pendentifs, bien avant le IVe siècle, à Magnésie

La princesse Galla Placidia fit construire, pour lui servir de mausolée, le remarquable petit monument dont nous donnons la gravure d'après M. Essenwein. On l'admire surtout pour ses antiques mosaïques, et la belle conservation de son architecture ; il est non moins digne d'intérêt, en ce qui concerne sa voûte sur pendentifs. Ce petit édifice, en forme de croix latine, est voûté en berceau sur ses quatre croisillons, la croisée est couverte d'une voûte sphéroïdale surhaussée, sur quatre pendentifs.

C'est l'embrion de la coupole byzantine. Le plan est nouveau dans la région; c'est celui des chapelles funéraires de l'Orient. La *croix latine*

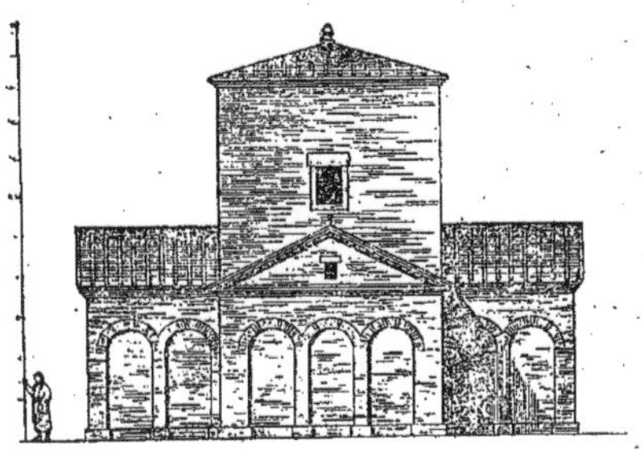

Élévation.

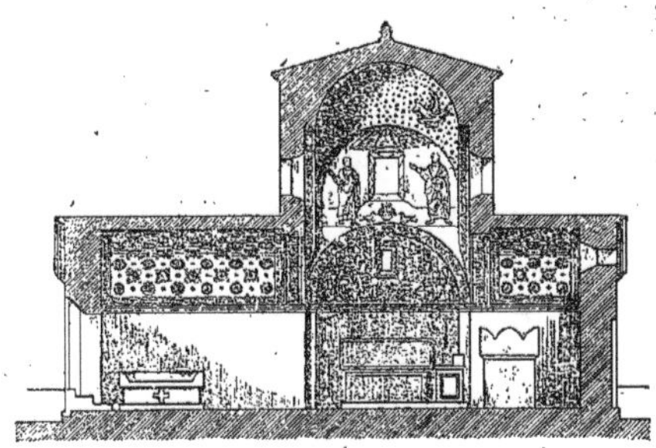

Coupe.

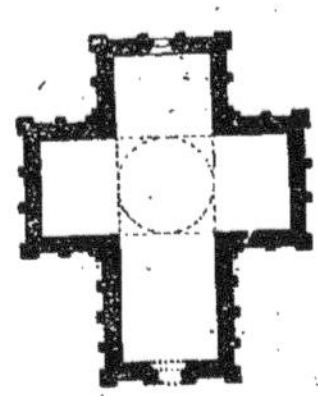

Élévation. Plan et coupe.
Baptistère.

Plan.
Tombeau de Galla Placidia.

y fait son apparition en Occident ; ce plan fera fortune en France et deviendra le type des églises bénédictines. Les bandes et arcatures

du Méandre, et sous Dioclétien, dans l'arc de triomphe de Salonique (V. G. Millet, *Histoire de l'art*, t. I, p. 145).

qui décorent les murs seront imités par les Lombards au XIe siècle (1).

Il faut citer ici en passant le fameux mausolée de Théodore, en forme de rotonde couverte d'une coupole monolithe en marbre d'Istrie.

Baptistère des Orthodoxes (Saint-Jean *in fonte*). Cet édifice est bâti sur plan octogonal comme la plupart des baptistères d'Italie. D'après Corrado Ricci, ce ne serait qu'une ancienne salle de thermes romains transformés en 449 par l'archevêque Néon. Quoi qu'il en soit, il fut orné de riches mosaïques dès le milieu du Ve siècle et celles-ci sont appliquées à une voûte à pendentifs, bien byzantine. A l'extérieur le haut des murs est décoré de renfoncements en arcatures géminées, le tout recouvert d'un comble en pavillon.

Au centre de la voûte les mosaïques figurent le baptême du Christ; plus bas se voient les apôtres rangés en cercle ; des prophètes occupent les huit angles de la coupole. Cette décoration est extrêmement remarquable par son antiquité comme par sa richesse.

Le baptistère de Ravenne, généralement daté de 450, offre une coupole octogonale à huit pendentifs, qui fut relativement facile à construire à cause de la faible importance des pendentifs. L'édifice offre en quelque sorte l'embryon de Saint-Vital.

Église de Saint-Vital à Ravenne (2). — Les Romains avaient déjà construit, nous l'avons vu, une rotonde octogonale entourée de huit absidioles et couverte d'un dôme, la *Minerva medica*. D'autre part, nous avons fait connaître de nombreuses rotondes orientales; notamment Constantin avait fait élever en l'honneur de la Vierge à Antioche une église octogonale nommée le *Temple d'or*, qui, avec ce dernier édifice, paraît avoir donné naissance à une série de rotondes analogues construites en Occident, notamment aux baptistères de Ravenne.

La plus remarquable est celle de Saint-Vital, qui se voit encore presque dans son intégrité première. C'est en revenant de Byzance

1. V. A. Marignan, *Louis Courajod*, p. 140, note.

2. V. *Louis Courajod*, par Marignan, p. 46. — V. Rondelet, p. 69, *Traité de l'art de bâtir*, t. II, p. 349.

que saint Ecclesius la fonda en 526. Elle fut décorée à l'intérieur de superbes mosaïques.

Baptistère de la cathédrale de Ravenne (Ve siècle).
Un des angles de l'octogone : Prophète.

Saint-Vital offre le plan très simple indiqué plus loin, agrandi à une époque postérieure; l'église a été notamment flanquée de deux tours rondes.

Chacune des faces de l'octogone central, soutenu par huit piliers

Baptistère de la cathédrale de Ravenne (Ve siècle). — Voûte.

robustes qui portent sur leurs reins la grande coupole, est percée d'une grande arcade; derrière ces arcades s'ouvrent des niches éclairées par deux étages de galeries percées dans des absidioles ([1]); la huitième d'entre les arcades forme le sanctuaire. Au-dessus de la rotonde octogonale s'élève la coupole, supportée par huit petits pendentifs, et éclairée à sa base par huit fenêtres jumelles.

La coupole est construite d'une manière très curieuse, à l'aide de poteries ayant la forme d'amphores antiques, emboîtées les

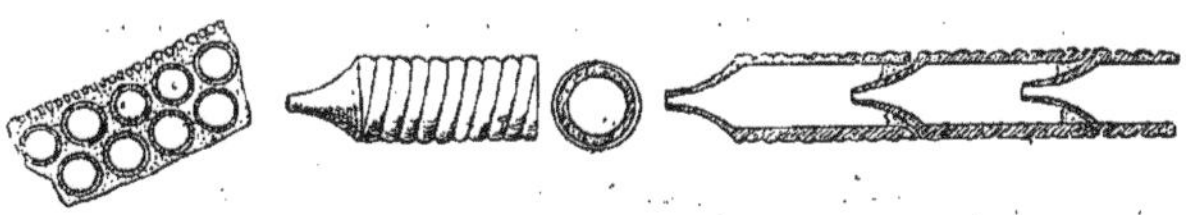

Poteries de la voûte de Saint-Vital à Ravenne.

unes dans les autres. La partie de la voûte comprise depuis la naissance jusqu'à la clef de la pénétration des fenêtres est formée de files méridiennes de ces vases emboîtés. L'autre portion de la voûte est composée d'amphores plus petites, disposées en une spirale continue, dont les anneaux s'élèvent jusqu'au sommet de la voûte ([2]).

Nous donnons un croquis des amphores avec leurs différentes coupes.

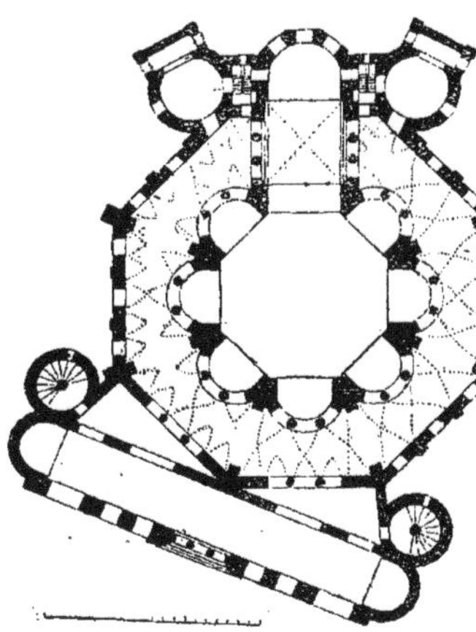

Église de Saint-Vital à Ravenne. Plan.

Mais ce qu'il faut admirer à Saint-Vital, c'est la somptueuse décoration en mosaïques dont l'église fut revêtue du temps de Justinien. A ce point de vue, l'abside est incomparable. « Elle représente, d'un côté, Justinien entouré de dignitaires et de gardes, et, de l'autre, Théodora, suivie des femmes de sa cour, offrant des présents à l'église. L'impératrice franchit l'atrium, où se trouve la fontaine sacrée, tandis qu'un serviteur soulève devant elle les voiles suspendus à la porte du temple ; son costume est splendide ;

1. Ces sortes d'hexèdres, selon M. L. Enlart, seraient imités des niches percées au pourtour du temple de la Minerva Medica à Rome. (V. *Traité d'archéologie française* t. I, p. 149.)
2. Quast, *Die Altchristliche Bauwerke von Ravenna, 1842*. Rohres, Ravenne, 1869.

une large broderie, qui représente l'Adoration des Mages, orne le bas de sa robe ; des joyaux couvrent sa poitrine ; de la chevelure pendent sur les épaules des torsades de perles, et un haut diadème couronne la tête ceinte du nimbe. »

A la clef de voûte figure l'Agneau de Dieu. L'arc triomphal est orné de 15 médaillons offrant la figure du Christ, celles des Apôtres et des saints Gervais et Protais. Ailleurs on voit d'autres mosaïques représentant les Évangélistes et des scènes de l'Ancien Testament. Sur la demi-coupole qui surmonte l'abside on voit le Christ couronnant saint Vital. Un Christ gigantesque orne la

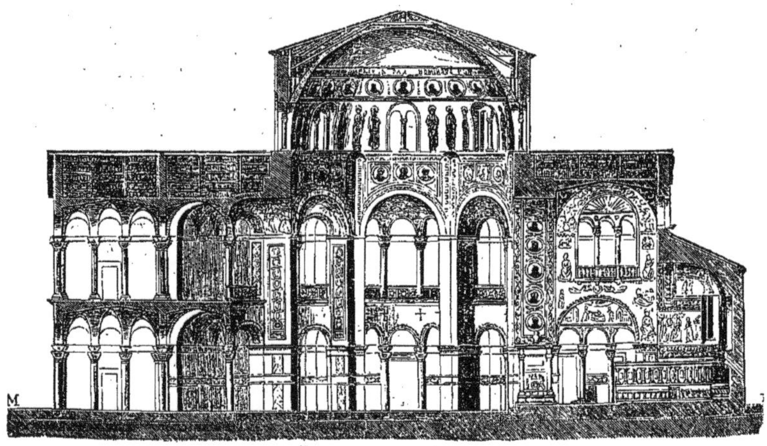

Coupe longitudinale de la basilique de Saint-Vital à Ravenne (disposition des mosaïques).

grande coupole ; à ses pieds, on distingue encore plusieurs figures de saints.

Remarquons la forme particulière du pilier de Saint-Vital, et la disposition compliquée des voûtes des bas-côtés. Nous aurons à la comparer plus tard avec les parties analogues du Dôme d'Aix-la-Chapelle.

Nous reviendrons aux églises en octogone, qui réapparaissent plus tard en Occident. Saint-Vital fut construit par l'argentarius (banquier) Julianus sous Théodoric, mais consacrée seulement sous Maximus (546-556). Elle coûta 26 mille sous d'or. Ce fut la plus belle église de Ravenne. Les chapiteaux sont cubiques, et les tailloirs très accentués. Toute la décoration est orientale : animaux affrontés, oiseaux, feuillages dessinés à plat. L'analyse de ce monu-

Intérieur de la basilique de Saint-Vital à Ravenne.

ment nous montre les transformations de l'art latin sous l'influence du milieu gréco-oriental [1].

En dehors de ces édifices caractéristiques de l'influence Orientale, Ravenne possède, de la même époque, des églises de type

1. V. A. Marignan, *Louis Courajod.*

basilical, parmi lesquelles se distinguent surtout Saint-Apollinaire le neuf et Saint-Apollinaire *in Classe;* elles offrent quelques

Ravenne. — Mosaïque de l'église Saint-Vital (Ve siècle).

caractères byzantins dans leur décor et dans la forme de leurs colonnes aux puissants abaques.

Un élément qui n'est pas négligeable dans ces églises de Ravenne, c'est l'existence de campaniles. Il est à remarquer que la plupart sont ronds, tandis qu'ils sont carrés dans le reste de l'Italie. Nous en reparlerons à propos du style roman.

Saint-Marc de Venise. — La belle église de Saint-Marc de Venise est l'exemple le plus remarquable de l'introduction en Occident de la *coupole multiple*, telle qu'elle fut appliquée à Byzance à l'époque macédonienne, ainsi que nous l'avons vu plus haut, notamment à l'église des Saints-Apôtres de Constantinople. Ici nous voyons, non plus une grande coupole unique comme à Sainte-Sophie de Byzance et à Saint-Vital de Ravenne, mais un système de cinq coupoles sur pendentifs couvrant tous les espaces de la superstructure. Il paraît établi que ces coupoles furent élevées vers 1063 par Domenico Cantarini. Le plan de l'édifice est disposé en croix grecque; des coupoles couvrent le centre et les quatre bras de la croix (1).

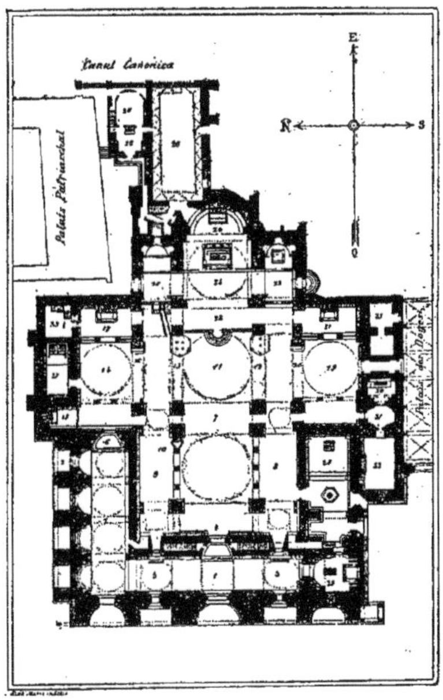

Plan de Saint-Marc à Venise.

Des constatations faites vers 1855 par la Commission archéologique dite autrichienne et discutées par feu R. Cattaneo, il résulte que les coupoles sont postérieures à Orseolo et elles datent bien du XIe siècle (2).

On continua durant des siècles à agrandir et à décorer Saint-

1. Pour abriter les restes de saint Marc, le doge Justinien Parteciporis avait élevé en 829 un vaisseau à trois nefs latines terminées par trois absides. Endommagée par un incendie en 976, rétablie en 978 par le Doyen Pietro Orseolo Ier sur le même plan à l'aide d'architectee appelés de Byzance, le Doyen Cantarini la remania et la convertit en église byzantine. Saint-Marc fut terminé en 1071. (Cattaneo, *ouv. cité.*)

2. V. *La basilique de Saint-Marc à Venise*, étudiée au double point de vue de l'art et de l'histoire par une réunion d'écrivains Vénitiens. Venise, Ongania, 1878-1888. 16 vol. gr. in-4° et 2 vol. gr. in-fol. En Portefeuilles.

Marc. Bientôt se produisit une réaction contre le style oriental. Un jour les coupoles primitives, dont la forme régulière est celle d'une calotte, ne parurent plus assez monumentales dans leur allure déprimée ; elles furent surmontées de ces dômes postiches, exhaussés sur des lanternes rondes, qui couronnent aujourd'hui le monument. Plus tard on ajouta des chapelles en style lombard. La Renaissance à son tour apporta son contingent d'annexes et de décors. Tous les styles, jusqu'à celui du XVIIIe siècle, se marient dans l'antique chapelle des Doges, devenue depuis Pie VII une cathédrale et le siège du Patriarcat de Saint-Marc [1].

Plus tard la superstructure de Saint-Marc fut appliquée à Saint-Antoine de Padoue, avec une tendance vers le retour au plan basilical; il y a trois coupoles, une au centre, deux sur la nef allongée.

1. On a retrouvé dans le canal en 1903 une colonne de 11 mètres de longueur sur 1^m,80, identique aux deux fameuses colonnes qui soutiennent les lions de Saint-Marc. Il s'agirait d'une des colonnes offertes par l'empereur byzantin Alexis Comnène aux Vénitiens, pour les remercier d'avoir sauvé l'empire d'Orient de l'invasion normande. Une de ces colonnes était tombée à la mer à son arrivée à Venise, et on n'avait jamais pu l'en retirer.

LE STYLE BYZANTIN EN OCCIDENT.[1]

Ce que l'on appelle la *question byzantine*, c'est-à-dire l'étude de l'influence exercée par l'art byzantin sur l'art latin, n'a cessé depuis près d'un siècle de passionner le monde des archéologues et des historiens d'art. De Verneilh (2) et Labarte (3), Viollet-le-Duc, feu Corroyer (4), MM. Bayet (5) et Brutails, en France; Rumohr (6), Schnaase (7), Unger (8), Dobbert (9) et, plus récemment, A. Springer (10), en Allemagne, M. Phrené-Spiers en Angleterre, Cicognara (11), Cavalcaselle et Crowe (12) et Salazaro (13), en Italie. MM. Khondakoff (14) et Strzygowski (15) ont tour à tour cherché à résoudre le problème. La vérité, selon E. Muntz (16), est entre leurs affirmations contradictoires, entre les exagérations de Labarte, qui voyait partout la main d'artistes grecs, et celle de Springer, qui niait avec non moins de parti pris leur intervention.

Leur influence est établie par des preuves nombreuses, tirées des monuments eux-mêmes, et par des textes qui établissent la présence d'artistes byzantins dans l'Europe occidentale depuis le Ve jusqu'au XVe siècle.

« Il résulte de ces documents, que l'influence byzantine fut

---

1. A Gosset, *Les coupoles d'Orient et d'Occident*. Paris, libr. centrale de B. A.
2. F. de Verneilh, *L'architectu[illegible]zantine en France. — Saint-Front de Périgueux et les églises à coupole de l'Aquitaine*. Paris. Didron, 1851.
3. Labarte, *Histoire des arts industriels*, 2e édit. Paris.
4. L. E. Corroyer, *L'Architecture romane*.
5. Bayet, *L'Art byzantin*, pp. 191-216.
6. Rumohr, *Italienische Forschungen*, t. I.
7. Schnaase, *Geschichte der bildenden Künste*, t. IV, Dusseldorf, 1871, p. 718.
8. Unger, *Encyklopädie* de Grober et Ersch, t. LXXVX.
9. Dobbert, *Ueber den Styl Nicoló Pisanós und dessen Ursprung*, Munich, 1875.
10. En tête de l'*Histoire de l'Art byzantin* de M. Kondakoff.
11. Cicognara, *Storia della Scultura*, t. II, pp. 40-61. Prato, 1823.
12. Crow. et Cav., *Storia della Pittura in Itatia dal secolo II al secolo XVI*, t. I, Florence, 1875, p. 178 et suiv.
13. Salazaro, *Studi sui Monumenti dell' Italia meridionale*. Le même, *Sulla Coltura artistica dell' Italia meridionale dal IV al XIII secolo*, Naples, 1877.
14. I. Khondakoff, *Histoire de l'Art byzantin*.
15. *Ouvrages cités*.
16. *Revue de l'Art chrétien*, 1893, p. 181.

plutôt intermittente que générale et constante,et qu'elle s'exerça pour le moins autant par l'action personnelle des artistes fixés en Italie que par l'importation des œuvres d'art ([1]). »

Viollet-le-Duc et Quicherat avaient admis l'influence orientale en Gaule à partir du XIe siècle et des croisades. Mais d'après L. Courajod ce mouvement n'est rien en présence de l'hellénisation de l'Occident aux époques mérovingienne et carolingienne ([2]).

Muntz a retrouvé des traces de colonies de moines grecs à Angoulême en 1034, à Auriol en 1040. Schnaase en constate aux Xe et XIe siècles sur les bords du Rhin, comme on le verra plus bas.

Types d'églises. — L'Orient chrétien avait connu trois types principaux d'églises chrétiennes.

a). — La *basilique*, reproduisant le plan du *naos* antique, mais avec trois nefs séparées par des files de colonnes qui soutenaient les murs goutterots et la charpente apparente, comme dans les basiliques civiles romaines. Seulement en Asie la colonnade s'était émancipée de l'étroite proportion classique dérivant de la superstructure architravée ; les colonnes étaient très espacées et réunies par de larges arcades.

b). — Les églises à *coupoles*, s'appropriant le système des voûtes persanes, et exigeant pour équilibrer les poussées une nouvelle distribution des points d'appui, une nouvelle position des murs, un plan en *croix*.

c). — Des églises rondes ou octogonales en plan, que nous nommons des *rotondes*. Nous avons rencontré cette ordonnance dans les *martyrium* de l'Anatolie, et nous avons vu le type se répandre en Dalmatie, à Ravenne et dans le Nord de l'Italie.

Ces trois types d'églises se retrouvent en Occident; le premier est de beaucoup le plus fréquent. Il ne serait pas impossible de prétendre, que maintes églises basilicales des Gaules ont pu être inspirées de leurs aînées de l'Orient. Ainsi la petite cathédrale de Vaison offre des analogies singulières avec l'église de St-Georges d'Esra en Syrie, et l'on voit à celle de Qualb-Louseh un systéme d'encorbellement supportant la charpente de la grande nef, qui se

1. Muntz, *ibia.*
2. L. Courajod, *Leçons à l'École du Louvre.* Paris, Picard, 1899.

retrouve en Provence [1]. Néanmoins, en général, l'église basilicale des Gaules doit être considérée comme se rapportant au type latin ; nous ne nous en occuperons pas ici.

Quant aux deux autres types des églises d'Orient, que nous avons vus employés aux Ve et VIe siècles dans l'exarchat de Ravenne, nous les trouvons peu après reproduits en Gaule ; ils se perpétuent jusqu'au XIIe siècle en Aquitaine, en Auvergne, en Bourgogne, sur le Rhin, constamment modifiés par des essais d'adaptation des voûtes au plan basilical [2].

Décoration. — Au VIe siècle l'art latin déclinait, et les moines d'Occident se guidaient sur les modèles byzantins. Dès l'époque mérovingienne la sculpture se ressent fortement de cette influence. Dans plusieurs régions le chapiteau latin à feuillages saillants d'acanthe fait place au chapiteau de forme massive, cubique, à lourdes bordures en biseau; on voit apparaître un décor des plats où abondent les motifs entrelacés et de feuillages en forme de V [3].

Les chapiteaux se distinguent en général par ces deux traits : *simplification des formes*, et *abondance des figures*. On renontre en quantité comme ornement la *fleur de marguerite* ou *l'étoile à six rais*, notamment dans les sarcophages de l'Ouest, et l'on peut même lire des mots syriaques gravés sur l'hypogée de Poitiers. Le temple de Saint-Jean de cette ville rappelle d'ailleurs le tombeau de Galla Placidia à Ravenne.

L'influence orientale était donc déjà implantée en Gaule à l'époque que nous avons appelée latine. Le fait s'explique par d'importantes immigrations de Syriens dans les villes maritimes du Midi, Marseille, Narbonne, Bordeaux, et aussi par l'influence d'un art irlandais originaire de l'Égypte.

L'influence byzantine en Gaule s'accuse surtout dans la décoration. « Ce sont les thèmes imaginés en Orient, comme le remarque M. L. Magne [4], qui sont pour longtemps en Occident l'expression uniforme de l'art chrétien. Le monogramme du Christ entre l'alpha

1. P. Ex. Leoncel, le Thoronet.
2. V. L. Magne, *Congrès de la Sorbonne*, 1897.
3. V. *Lettre de F. de Verneilh à L. Vilet* dans les *Annales archéologiques* de Didron, t. XV, p. 225.
4. *Congrès des Sociétés des Beaux-Arts à la Sorbonne en 1897.*

et l'oméga, les palmes, les calices, les colombes au milieu des pampres, sont sculptés en faible relief sur les sarcophages de marbre à Ravenne comme à Bordeaux, dans les églises de Saint-Apollinaire le Neuf et de Saint-Apollinaire-in-Classe comme dans la crypte de Saint-Seurin ou dans le baptistère de Saint-Jean de Poitiers. »

« Répudiant les entablements inutiles que l'art romain, art d'imitation, intercalait entre le chapiteau de la colonne et la naissance de l'arc, l'architecte byzantin, suivant la tradiction grecque, porte sur l'encorbellement du tailloir le sommier de l'arc, comme était portée jadis l'architrave monolithe que l'arc a remplacée ; or, dès l'origine, dans toutes nos écoles, cette disposition rationnelle a été adoptée. »

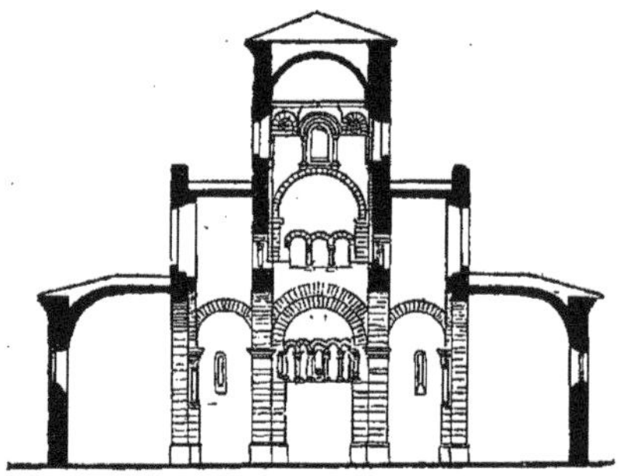

Église de Germiny-les-Prés. — Coupe.

Églises en croix.

Un remarquable spécimen de ce type byzantin est la curieuse petite église carolingienne de Germigny-les-Prés (IXe siècle), que nous avons déjà fait connaître ([1]). Elle réalise une plantation bien orientale, avec ses absidioles terminant des croisillons inscrits chacun dans un carré et avec ses galeries sur les bas-côtés ([2]). M. Strzygowski a signalé de nombreux édifices analogues parmi les premières églises de l'Asie Mineure ([3]) ; au nombre de ces rotondes se trouve l'église patriarcale d'Etschmiadsin, dont se rapproche l'église de Germigny.

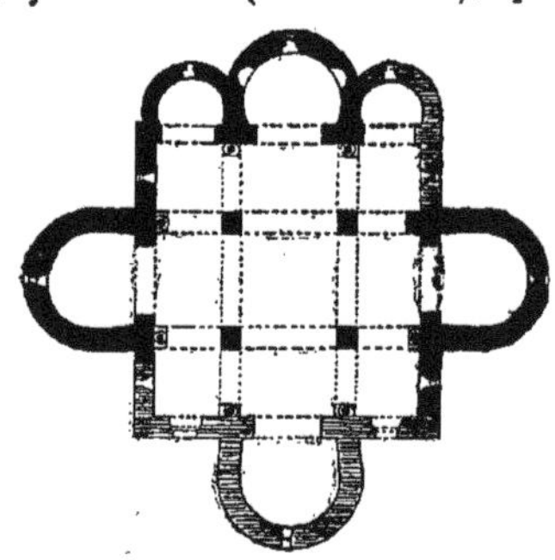

Église de Germiny-les-Prés.
Plan.

1. V. *Revue de l'Art chrétien*, année 1906, pp. 22 et 24.
2. V. C. Enlart, *Traité d'archéologie française*, t. I, p. 169. — V. *Archives de la Commission historique*, t. III, p. 42.
3. Strzygowski, *Klein-Asien, Byzantinische Denkmæler.*

Celle-ci ne diffère du modèle oriental que par la tour-lanterne

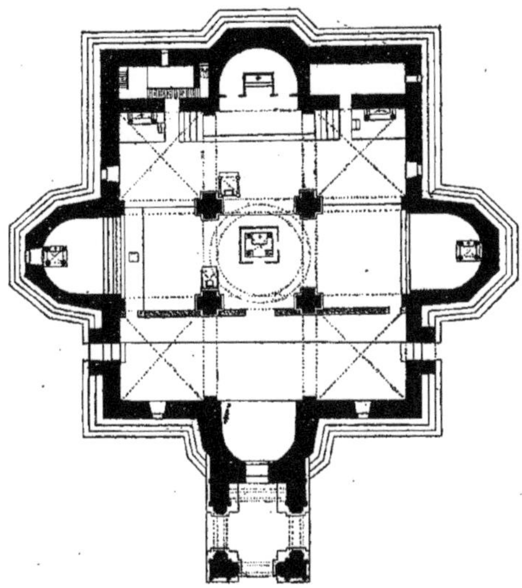

Église patriarcale d'Etschmiadsin.

qui surmonte la croisée et que couvre la plus ancienne voûte sphérique à pendentifs connue en France. Cet édifice serait dû, selon M. Strzygowski, à une influence arménienne. Son caractère oriental n'avait pas échappé à Mabillon, qui l'avait signalé comme bâti au IXe siècle par Théodulphe sur le modèle d'Aix-la-Chapelle [1], d'après le moine Letaldus, qui écrivait au Xe siècle [2].

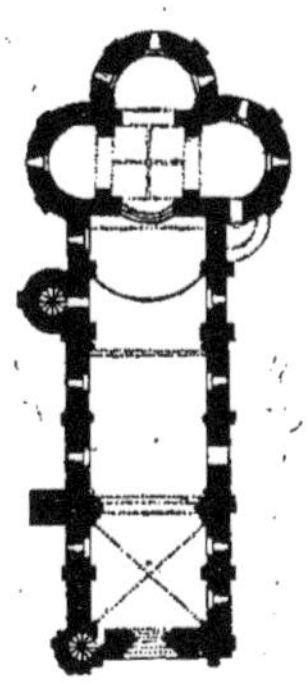

Plan de N.-D. d'Aubiac.

Au même modèle se rattache le baptistère de Saint-Jean de Poitiers, en son état carolingien [3].

L'église de Notre-Dame d'Aubiac, qui ne remonte qu'au XIIe siècle, mais dont les substructions sont carolingiennes, reproduit le chevet primitif à trois absides en croix, avec coupole centrale, à l'instar de

1. V. Mabillon, *Annales benedictini ordinis*, t. II, p. 395.
2. V. Baluze — *Misc.*, t. I.
3. V. *Revue de l'Art chrétien*, année 1896, p. 26.

Germigny [1]. De ces deux édifices on peut encore rapprocher Saint-Saturnin de Querqueville en Normandie et, plus tard, l'église romane de Sainte-Croix de Montmajour. On rencontre d'autres constructions de même type à Saint-Honorat dans l'île de Lerins [2] (chapelles de Saint-Sauveur et de la Sainte-Trinité), ainsi qu'à Sainte-Croix de Munster. Il faut y ajouter Saint-Martin de Londres en Hérault [3].

Le Danemarck possède encore une douzaine d'églises à plan dit rayonnant. La plus curieuse, unique en son genre, est celle de Kallundborg. Elle offre une disposition en croix grecque ; à un carré central surmonté d'une tour carrée, sont greffés quatre bras avec extrémités en abside à pans, que recouvrent quatre tours octogonales. Les coupoles grecques ont fait place ici à des tours à flèches, substitution qui paraît due aux exigences du climat scandinave.

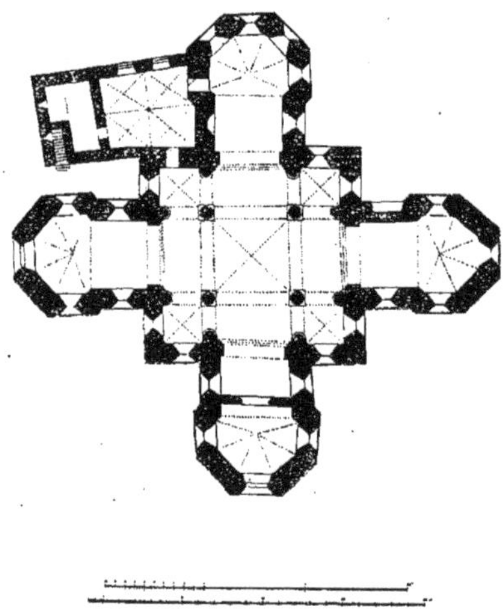

Plan et église de Kallundborg.

Pour expliquer une influence byzantine en Danemarck. M. Lorenzen, à qui nous empruntons les clichés ci-dessus [4], rappelle qu'il existait un corps de garde de Scandinaves à Constantinople, et que des Danois prirent part à la défense de Byzance en 1204.

1. V. *Compte rendu du Congrès archéologique d'Agen en 1904.*
2. V. Revoil, *Architecture romane du midi de la France*, t. Ier.
3. Ibid., t. Ier.
4. Wilh. Lorenzen, *Églises à plan rayonnant en Danemarck.* — *Revue de l'Art chrétien*, liv. de mai 1907.

A côté de ces églises à quatre branches terminées en abside demi ronde, se présentent une série d'édifices en forme de croix, avec extrémités plates, qui est la forme, en plan du premier monument byzantin de Ravenne, le tombeau de Galla Placidia.

C'est au même modèle que Graf ramène une série de constructions des Gaules, telles que l'église des Saints-Apôtres élevée à Paris par Clovis pour lui servir de tombeau; celle de Sainte-Croix à Arles, bâtie en 548 par l'évêque Aurelius, et à laquelle Childebert avait donné une parcelle de la Vraie-Croix ; la basilique de Saint-Vincent et de Sainte-Croix, bâtie par Childebert à Paris et achevée en 558 ; l'église de Saint-Médard à Soissons, érigée environ deux ans plus tard par Childeric, et dont la crypte, pareille à celle d'Andernach, est conservée (1).

On retrouve plus tard cette forme en croix dans la crypte de la basilique de Steinbach en Hesse, qui passe pour être l'œuvre d'Eginhart et qui fut bâtie en 815, comme dans la chapelle de Sainte-Marguerite d'Epfig près de Barr (XIe siècle). Il en était de même de l'église de Saint-Materne de Trèves (979) incendiée en 1783 et dont on conserve les dessins. Il faut surtout citer ici la remarquable église d'Heiligenkreuz, qui se rapproche beaucoup de la chapelle sépulcrale de Galla Placidia à Ravenne, et qui est datée du XIe siècle (2).

Rotondes.

Les plans ramassés (ronds, octogonaux, carrés), sont fréquents à cette époque.

Le plan octogonal est une particularité du style oriental. Nous l'avons vu prévaloir en Anatolie dans les curieuses rotondes de Derbe-Bin-bir-Kilissé, d'Hiérapolis, d'Isaure, de Wirancher, qui remontent aux premiers siècles chrétiens (3), dans le célèbre Temple d'or d'Antioche, ainsi que dans la mosquée d'Omar à Jérusalem. Il passe dans les édifices de Byzance. Nous le retrouvons au baptistère, et, avec un pourtour de galeries, à Saint-Vital de Ra-

1. V. Kraus, *Geschichte des Christlichen Kunst.* Herder, Fribourg et *Revue de l'Art chrétien*, 1903, p. 289.
2. V. Prof. W. Effman, *Heiligenkreuz und Pfalsel. Beitrage zu Baugeschichte Triers.* Fribourg en Suisse. Imprim. St-Paul, 1890.
3. V. *Revue de l'Art chrétien*, année 1906, p. 95.

venne. Or, ce plan caractéristique est enfin celui de la chapelle palatine élevée par Charlemagne en 804 à Aix-la-Chapelle, et d'une série de ses dérivés. D'autre part le Temple d'or a peut-être inspiré la rotonde de Dijon, prototype, selon Quicherat, des polygones d'Occident [1].

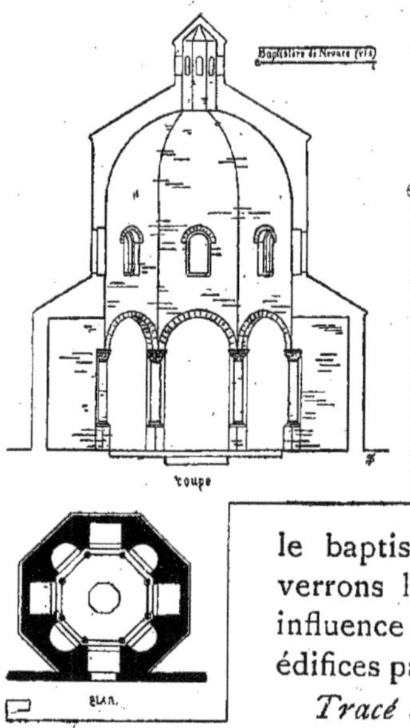

Baptistère de Novare.

De nombreuses églises, dont nous parlerons en traitant du style roman, furent construites en Occident sur plan circulaire en imitation de l'Anastasis bâti par Constantin sur le Saint-Sépulcre, et cette forme, concurremment avec la forme octogonale, fut naturellement adoptée pour les monuments funéraires, de même que pour les baptistères, tel le baptistère de Novare. Toutefois nous ne verrons là qu'une idée générale plutôt qu'une influence de style, et nous maintiendrons ces édifices parmi les produits de l'art roman.

Tracé eurythmique. — On connaît l'existence de règles eurythmiques auxquelles a été soumis le tracé des monuments antiques comme de ceux du moyen âge. Ces règles s'expriment par des figures géométriques qui, pour les monuments antiques et ceux du moyen âge français, sont des triangles [2]. La figure étalon des monuments byzantins est un octogone, ou plutôt un actinogramme à huit sommets saillants et à huit rentrants.

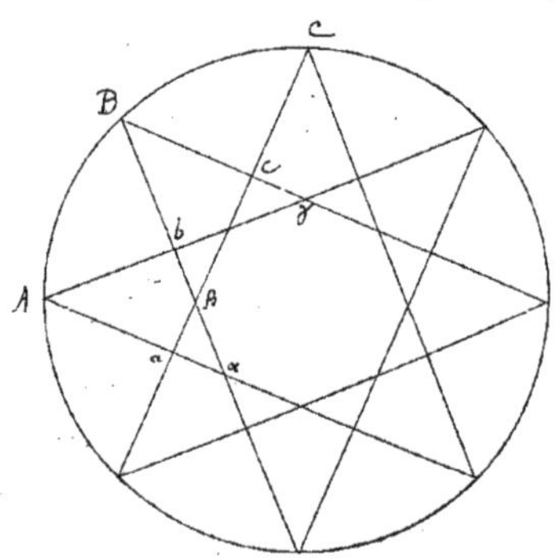

Tracé eurythmique.

Divisons en huit parties égales une circonférence de cercle et

1. V. J. Quicherat, *Mélanges d'archéologie*, t. II. p. 403.
2. V. *Revue de l'Art chrétien*, année 1900, p. 342.

joignons deux à deux les divisions 1 et 4, 4 et 7, 7 et 2, 2et 5, 5 et 8, 8 et 3, 3 et 6, 6 et 1 ; nous aurons le tracé schématique de l'octogone des édifices orientaux. M. H. Mauss ([1]), à qui nous empruntons le plan ci-contre de la mosquée d'Omar (VIIe siècle) à Jérusalem ([2]), a reconnu l'observation de cette loi de proportions dans la mosquée en question, comme dans la rotonde primitive du Saint-Sépulcre et à Saint-Vital de Ravenne ; on la vérifie au baptistère de Pise ; elle se vérifierait probablement aussi dans la rotonde d'Aix-la-Chapelle ([3]).

On retrouve pareil tracé eurythmique dans le plan de quelques églises chrétiennes espagnoles. M. Lamperez y Romea a établi que le Temple de Ségovie est engendré par un actinogramme à 6 pointes ([4]). Cet édifice fut fondé en 1208, on peut lire ce millésime sur une pierre de ses voûtes. Il a la forme d'un dodécagone régulier, augmenté d'une triple abside ; au centre de la rotonde se dresse un tambour abrité sous une coupole qui comprend un haut étage, et un rez-de-chaussée bas, tous deux communiquant avec le déambulatoire par quatre baies étroites.

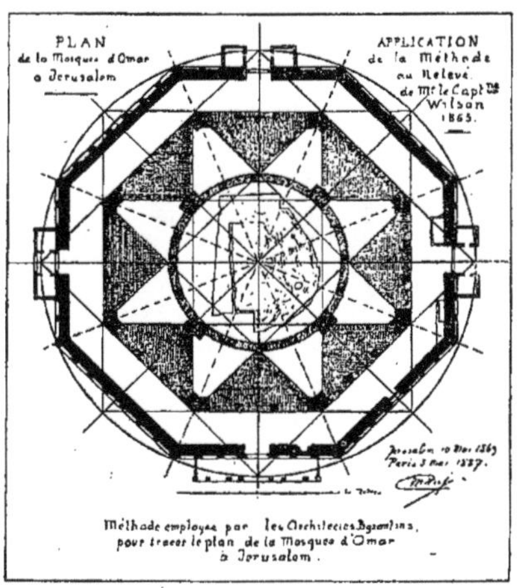

Influence byzantine en Allemagne. — Des rapports suivis ont existé entre l'Allemagne et les centres byzantins. Les historiens sont unanimes à constater dans l'organisation du gouvernement

1. V. C. Mauss. Note sur la méthode employée pour tracer le plan de la mosquée d'Omar et de la rotonde du Saint-Sépulcre. *Revue archéologique*, 1888, t. II.

2. Extrait de l'*Architecture*, année 1898, p. 76.

3. Ce tracé curieux a été adopté plus tard à la cuisine de l'abbaye de Durham, et a donné les lignes des nervures de la voûte. — Le même tracé est la base de la construction des voûtes nervées du style mauresque. Il se retrouve dans les trois petites coupoles du prestigieux Mihrab de la mosquée de Cordoue. En Espagne ce genre de voûte est fréquent dans les constructions mudéjares. L'église de San Miguel de Almazan possède une coupole sur trompes aux nervures dessinant le même octogone en étoile.

4. Lamperez y Romea, *Resumen d'Arquitectura*, Madrid, n° 1 juin 1898.

impérial aussi bien que dans les mœurs de la cour des infiltrations byzantines. Othon II ayant épousé en 972 Théophanie, nièce de Romain II adopta le luxe et le cérémonial des empereurs de Constantinople, et son exemple fut suivi par son fils Othon III. Ce dernier, dans une célèbre lettre à Guibert, se qualifie de Grec (1) et se moque de la rudesse des Saxons; le prince Gregorios, frère de l'impératrice Théophanie, fonda près d'Aix-la-Chapelle le couvent de Borscheidt.

L'évêque Godehard de Hildesheim (✠ 1038) fit un règlement concernant les moines grecs de passage dans son diocèse; il décida qu'ils ne pourraient séjourner plus de deux jours dans son « xenodochium ». Vers le milieu du Xe siècle le couvent de Reichenau hébergeait plusieurs moines grecs.

Les influences byzantines ne disparurent pas avec les Othon; on en trouve de nombreuses traces sous l'empereur Henri II le Saint (1002-1024), le cousin et le successeur d'Othon III.

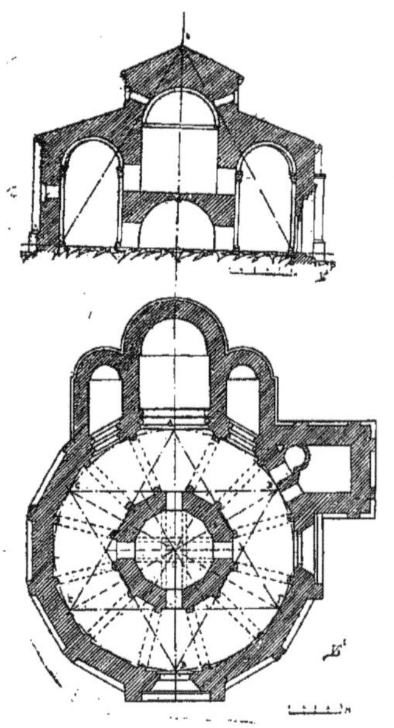

Plan de Saint-Michel de Ségovie (d'après M. Lamperez y Romea).

C'est à cette influence byzantine que les églises rhénanes de l'époque romane doivent leur chevet majestueux à trois hémicycles, dont nous reparlerons plus loin. C'est elle qui se montre d'une manière remar quable dans quelques édifices carlovingiens dont la chapelle palatine est le type.

Dôme d'Aix-la-Chapelle (2). Nous avons décrit l'église de Saint-

1. Giesebrecht, *Geschichte der deutschen Kaiserzeit*, Ve édit., t. I, pp. 723-724. — Schnaase, *Geschichte der bild. Künste*, t. IV. — Aus'm Weerth, *Kunstdenkmæler des Christ. Mittelalters in den Rheinlanden*, t. II, pp. 25-26.

2. J. V. Buchkremer, *L'atrium de la chapelle du palais carolingien d'Aix* (*Zeitschrift des Aachener Geschichtsvereins*, 1898). — L. Courajod, *Leçons du Louvre*, pp. 293 à 301. — A. Ramé, *De l'état de nos connaissances sur l'architecture carolingienne* (*Bulletin du Comité historique et scientifique, sect. d'archéologie*, 1882, p. 185). — Faymonville, *Zur Kritik der Restauration des Aachener Munster.* Année 1904.

Vital de Ravenne; fille de celle-ci, la chapelle palatine d'Aix, construite par Eginhard en 804, présente un tambour octogonal porté sur huit piliers, surmonté d'une coupole et entouré d'un collatéral avec galerie d'étage. L'intérieur de l'édifice était décoré de mosaïques et de marbres. Le porche d'Aix reproduit exactement la disposition de celui de Ravenne.

Vu de l'extérieur, le *Dom* manque d'élégance, avec sa couverture en forme de sphéroïde surhaussé, agrémenté de grosses côtes fortement saillantes, et se combinant avec des frontons romans. Une superstructure pyramidale, comme celle du *Dom* d'Essen, lui conviendrait beaucoup mieux.

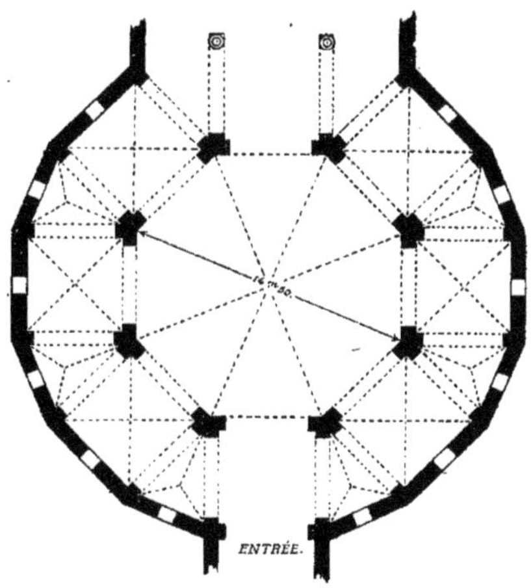

Plan de la rotonde d'Aix.

Les murs de la rotonde sont ornés de pilastres d'ordre corinthien et d'un rudiment d'entablement: exemple curieux de la persistance des formes romaines à travers les siècles.

La coupole a été, au siècle passé, l'objet d'une restauration remarquable. Maître Jean Bethune de Gand fut chargé de reconstituer les mosaïques; on doit regretter que l'auteur des cartons n'ait pas été admis à diriger l'exécution de son œuvre.

Il y a lieu de faire ressortir ici les différences qui s'accusent entre l'octogone de Ravenne et celui d'Aix; ces différences résident surtout dans le dispositif des arcades de remplage des grandes arches, dans la forme de la coupole et dans le système des voûtes des bas-côtés.

A Saint-Vital les huit arcades forment l'entrée d'autant de niches embrassant le rez-de-chaussée et l'étage, et butant la grande coupole; ici au contraire elles offrent deux étages, et sont, à l'étage supérieur, occupées par un remplage établi dans une surface plane, en deux rangs superposés de colonnettes ; les colonnettes du rang supérieur, au lieu de porter des arcatures, montent assez brutalement jusqu'à l'intrados des maîtresses arches.

La voûte de la coupole n'est pas la voûte à pendentifs des églises byzantines. « L'école d'Eginhart, remarque M. l'abbé Schmeitz [1], n'a jamais construit une seule coupole sur (lisez à) pendentifs ». Toutes les coupoles carlovingiennes partent de fond; elles dérivent de huit pans de mur formant le tambour, qui, à la hauteur voulue,

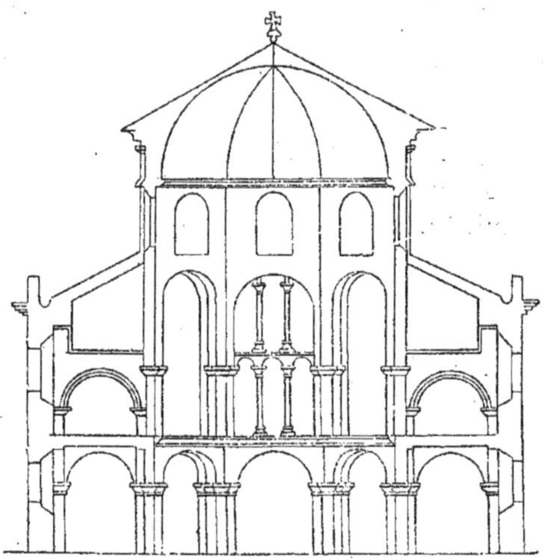

Aix-la-Chapelle. — Coupe du dôme, état primitif.

s'incurvent vers le centre et forment une voûte composée de huit triangles cylindriques. Tel est le dôme d'Aix-la-Chapelle, tels aussi ceux de Nimègue et de Saint-Michel de Fulda.

En ce qui concerne le pourtour, il est octogonal à Saint-Vital, tandis que celui de la chapelle palatine est enfermé dans une enceinte à seize pans. Il est intéressant de remarquer combien la forme du pilier et la combinaison des voûtes est plus simple ici qu'à Saint-Vital de Ravenne. Cette simplicité provient de la suppression des hexèdres, mais aussi de l'emploi des arcs doubleaux. L'architecture romane s'annonce dans cet édifice, par l'emploi systématisé de ces arcs doubleaux [2]. Mais par l'absence des con-

1. *La basilique de St-Servais à Maestricht*, p. 96.
2. V. L. Courajod. — Leçon d'ouverture (89-92) *L'origine de l'art gothique.*

treforts, par le remplage introduit dans les baies du premier étage, par l'octogone, par le rapport des cintres à leurs pieds droits, par la décoration des mosaïques, le dôme d'Aix procède de l'architecture byzantine [1].

Rotonde d'Aix-la-Chapelle. — Vue intérieure.

Il est reçu, jusqu'ici, que cette église est une imitation de Saint-Vital de Ravenne : Charlemagne reçut d'Adrien Ier et fit venir de

1. Courajod, *ibid.*

Rome et de Ravenne [1], ainsi que de Trêves et de Verdun [2] les plus riches de ses matériaux, notamment de précieuses colonnes de marbre [3]. Il y a de telles similitudes dans l'ensemble et les détails de ces deux édifices, qu'on ne peut guère douter de cette filiation.

Tel n'est cependant pas l'avis de M. Strzygowski, qui voit plutôt le prototype de l'église carolingienne dans les Martyrion de l'Asie Mineure ; dans celui d'Hiérapolis, dont les bas-côtés sont voûtés comme ceux d'Aix sur des travées rectangulaires alternant avec des travées en triangle, et dans celui de Wirancher, qui offre le même portail que l'octogone rhénan [4]. Ces rapprochements curieux se retrouvent encore dans l'église de Saint-Grégoire d'Etschmiadsin, bâtie en l'année 650, dont nous avons reproduit [5] le plan d'après cet auteur ; on y remarquera par contre un trait spécial de ressemblance avec Saint-Vital dans les quatre absidioles ajourées, qui butent la partie centrale de l'édifice et la séparent des bas-côtés.

M. Strzygowski fait remarquer, à l'appui de sa thèse, que Charlemagne a réuni dans la chapelle de son palais achénien tout un trésor de reliques provenant de Jérusalem et d'Orient, et qu'il en a fait ainsi comme un martyrion analogue à ceux de l'Orient, pareil par sa forme à ceux d'où proviennent ces restes sacrés. Orientaux sont aussi les ivoires historiés et la soi-disant pomme de pin, qui est une feuille d'artichaut, et la prétendue louve, qui est une ourse de travail grec.

M. Strzygowski voit dans la simplicité des voûtes des bas-côtés d'Aix une imperfection et une infériorité comparativement à celles du déambulatoire de Saint-Vital, et cette circonstance lui fournit un argument pour établir que la chapelle de Charlemagne ne peut être imitée de celle de Ravenne. C'est une erreur, à notre avis; les voûtes du pourtour de Saint-Vital sont beaucoup plus compliquées, mais en même temps se rapprochent davantage du

1. L. de Dartein, *L'architecture lombarde.*
2. V. A. Wauters, *Annales du Cercle archéol.* de Bruxelles, 1889, p. 250.
3. Quelques-unes de ces fameuses colonnes de marbre antique furent prises par Napoléon Ier pour le Louvre, et reprises par Blucher (M. V. Hugo, *le Rhin*, lettre 10e X. Barbier de Montault, *Annales archéologiques*, t. 26.
4. V. *Revue de l'Art chrétien*, année 1906, p. 95.
5. V. plus haut, p. 7.

style romain et de l'enfance de l'art de voûter les espaces irréguliers.

Au surplus, toute l'ornementation rhénane indique une influence italienne. Les chapiteaux qui surmontent les couples des pilastres angulaires à l'extérieur du tambour sont pseudo-corinthiens et ils portent un embryon d'entablement classique orné de moulures qui reproduisent les formes bâtardes des profils latins. Il en est du reste ainsi de toutes les constructions dues à l'influence carlovingienne dans la région rhénane, telles que le portique de Lorsch, la crypte de Steinbach, l'abbatiale de Seligenstadt, les basiliques de Saint-Michel de Fulda, de Michelstadt et de Nieder-Ingelhein, également attribuées à Eginhart.

Église d'Ottmarsheim (Alsace).

Autres rotondes. — La forme en rotonde avec coupole, adoptée en Gaule sous l'impulsion de Charlemagne. ne pouvait manquer d'être imitée. Aussi la retrouve-t-on dans le Walkhof de Nimègue, dans les églises de Mettlach, dans l'abbatiale d'Essen et dans l'église d'Ottmarsheim (Haut-Rhin), bâtie, à ce qu'on croit, par le comte Rodolphe, père du célèbre Wernher entre 1049 et 1059 (1).

Le monastère de *Mettlach* près de Trèves fut élevé par le moine Lioffinus vers l'an mille, et un texte du IXe siècle affirme que celui-ci prit modèle sur la rotonde d'Aix-la-Chapelle (2).

L'église carolingienne de *Wimpfen* était aussi en rotonde. Il en était de même de l'église de Saint-Jean l'Évangéliste à Liége (3).

Saint-Michel de *Fulda* et Saint-Donat de *Zara* (4) sont bâtis sur plan octogonal avec tambour cylindrique couvert d'une

1. C. Enlart, *Ouv. cite*, p. 164.

2. V. E. Reusens, *Éléments d archéologie chrétienne*, t. I, p. 336. Notre collaborateur danois M. Lorenzen, dans une prochaine et remarquable étude, fera connaître trois octogones de même filiation en Scandinavie, ceux de St-Hédinge et de Visby, ainsi que celui de Slegevig démoli en 1870.

3. J. Helbig, *La peinture et l'art plastique au pays de Liége.* Catal. de l'expos. de 1905.

4. *Guide de Dalmatie*, par la Csse M. de Harrach.

Walkhof de Nimègue.

coupole hémisphérique [1] et entouré de bas-côtés à étage [2].

1. B. Hundesbager, *Kaiser Friedrich's I (Barbarossa) Palast in der Burg zu Gelnhausen historisch* (XIIe s.). (Voir *Revue* 1895, p. 476).
2. V. Essenwein, *Christlichen und Byzantinischen Kirchenbau*, Darmstadt, 1896.

Rotonde de Nimègue. — Le même dispositif se retrouve au Walkhof de Nimègue. Cette chapelle carolingienne, qui est exactement une réduction de moitié de celle d'Aix [1], faisait partie d'un château impérial et d'une villa fortifiée d'une grande importance. Le dessin ci-contre, rapproché du croquis qui figure plus haut, rend évidente la ressemblance de la petite chapelle avec le dôme

Chapelle du Walkhof de Nimègue.

d'Aix. On remarquera que les bas-côtés de la rotonde sont également surmontés de galeries, qui communiquent avec la partie centrale par des baies géminées, dont l'arceau retombait sur des colonnettes à chapiteaux dits cubiques ; c'est sur ce détail que Humann se basait pour donner à l'édifice une date bien postérieure à Charlemagne. Des découvertes faites par M. Plath [2] il semble résulter que cette division est une ajoute; la construction remonterait au début du règne de Charlemagne et serait, non point la copie de la chapelle impériale d'Aix, mais son précurseur immédiat. Les baies géminées datent en tout cas d'un remaniement opéré au XIe siècle [3].

1. J. Helbig, *Revue de l'Art chrétien*, année 1895, p. 475.
2. V. C. Plath, *La chapelle octogonale et les ruines du palais impérial de Nimègue.* — Voir *Revue de l'art chrétien*, année 1895, p. 475.
3. V. Oltmans, *Bouwkundige bijdragen uitgegeven door de maatschappij tot bevordering der bouwkunst te Amsterdam*, 3e année, bl. 298. — *Description de la chapelle*

Dôme d'Essen (1). — L'abbaye d'Essen fut fondée vers le milieu du IXe siècle ; en 973 fut achevée sa grande église, commencée sous l'évêque Altfrid. Des maîtres probablement italiens construisirent le remarquable chœur occidental, dont la rotonde d'Aix fut le modèle, comme on peut le voir par les figures que nous empruntons à M. Humann (2).

Façade occidentale de l'église abbatiale d'Essen.

Ce fut une imitation libre, non point une copie. Le caractère byzantin de cette construction n'étonne point en présence de ce que nous apprend M. Humann, à savoir que, parmi les abbesses d'Essen on relève les noms de Mathilde (973-1011),

carlovingienne et de la chapelle romane, restés du château de Nimègue, par A. Oltmans, Amsterdam, 1847. — *Bulletin de la Gilde de St-Thomas et de St-Luc*, 1891, p. 180. — *Revue de l'Art chrétien*, 1899, étude de M. C. Plath.

1. *Revue de l'Art chrétien*, année 1905, p. 39.

2. G. Humann, *Die Kunstwerke der Münster Kirche zu Essen*, L. Schwann, Dusseldorf, 1904.

petite-fille d'Othon le Grand; de Sophie (1011-1039), fille d'Othon et de l'Impératrice Théophanie, et enfin de Théophanie (1039-

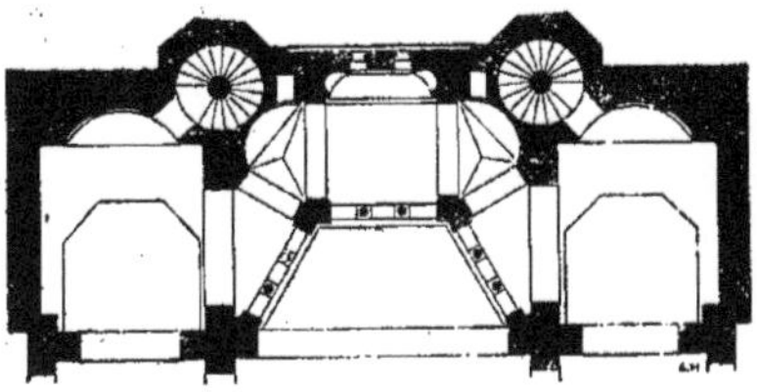

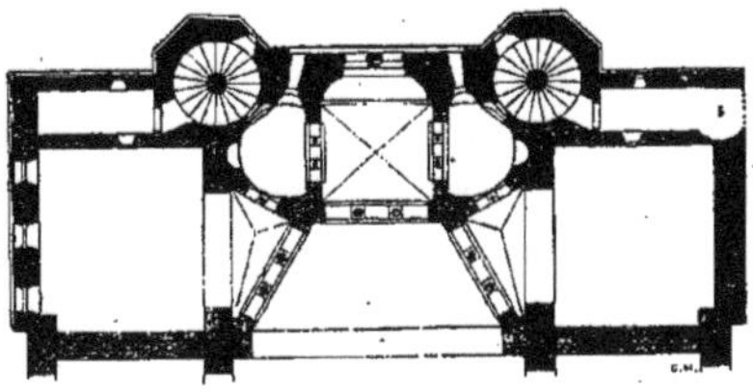

Section horizontale du 1er étage. Section horizontale du 2d étage.
Partie occidentale de l'église.

1056), petite-fille de l'impératrice de son nom et nièce de l'abbesse Sophie.

Le trésor d'Essen est d'ailleurs très riche en pièces d'orfèvrerie ottomane.

On trouve également en Danemarck, un dérivé de la rotonde d'Aix, c'est l'église de Store-Heddinge; telle du moins qu'elle existait originellement, elle se rapproche beaucoup de l'église d'Ottmarsheim, quoique postérieure d'un siècle à celle-ci.

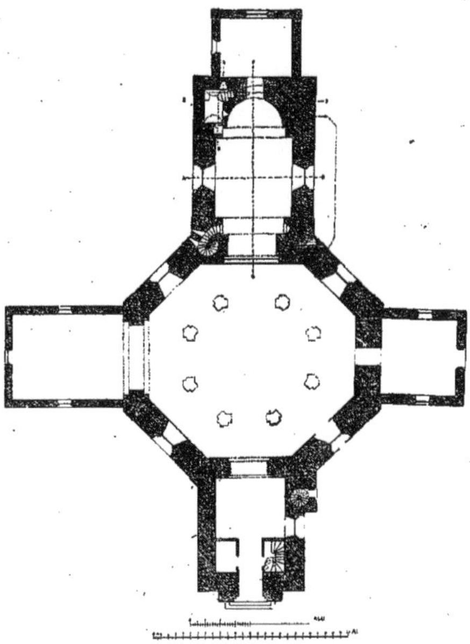

Église de Store Heddinge, d'après M. Lorenzen.

L'église de Visby en Suède présente un octogone à deux étages communiquants. L'église danoise de Saint-Michel à Slegwig, démolie en 1870, offrait une rotonde dont la partie centrale posait sur douze piliers. Parmi les églises rondes danoises il faut encore citer celles de Bjernede (Seeland) et de Thorsager (Jutland).

Coupoles sur pendentifs.

A côté des coupoles octogonales qui caractérisent les édifices carolingiens d'Allemagne, se rencontrent plus tard des coupoles sphériques sur pendentifs, plantées ordinairement sur plan carré, apparemment d'origine byzantine. Elles apparaissent en Gaule au XIe et surtout au XIIe siècle, principalement dans la région rhénane et dans l'Aquitaine.

Il faut signaler en Allemagne celles que l'on voit, établies sur plan carré ou octogonal aux églises des Apôtres, de Saint-Jacques, de Saint-André et de Saint-Martin de Cologne, à la cathédrale de Bonn, aux abbatiales de Brauweiler, de Laach, d'Arnstein, de Schwarzcheindorf ; à la paroissiale de Sinzig ; aux dômes de Limbourg, de Mayence, de Spire et de Worms, au munster de Ruremonde ; à l'abside de Sainte-Croix de Liége, et enfin au narthex de Saint-Servais de Maestricht (XIe siècle) ; ce dernier édifice offre la plus remarquable et sans doute la plus ancienne de ces coupoles établies sur plan carré. La plupart des autres sont du milieu du XIIe ou de la fin du XIe siècle [1].

Coupole de la salle dite impériale du narthex de St-Servais de Maestricht.

Mais c'est surtout dans le Sud-Ouest de la France qu'abondent ces coupoles.

Coupoles d'Aquitaine. — On a cru longtemps que la coupole byzantine avait eu pour première imitation en France Saint-Front

1. V. Alb. Schmeitz, *Basilique de St-Servais de Maestricht*, p. 108.

de Périgueux [1]. F. de Verneilh soutint que Saint-Front fut exécuté en 984 d'après Saint-Marc de Venise et servit de modèle aux églises à coupoles d'Aquitaine. Il explique cette origine par l'existence d'une colonie vénitienne établie à la fin du XIe siècle en Périgord. J. Quicherat aussi y a vu l'imitation de Saint-Marc [2]. E. Corroyer [3] la crut antérieure à cette dernière ; à ses yeux toutes deux sont l'imitation d'un même type, l'église des Saints-Apôtres de Constantinople décrite par Procope. M. R. Phrené Spiers [4] attribue ces coupoles au début du XIe siècle. MM. Anthyme Saint-Paul et Enlart font de Saint-Front un édifice reconstruit entièrement au XIIe siècle [5]. Quoi qu'il en soit de ces divergences dont nous reparlerons à propos de l'architecture romane, Saint-Front est en France la reproduction la plus fidèle du système byzantin par son plan en croix grecque couvert de cinq coupoles sur piliers [6].

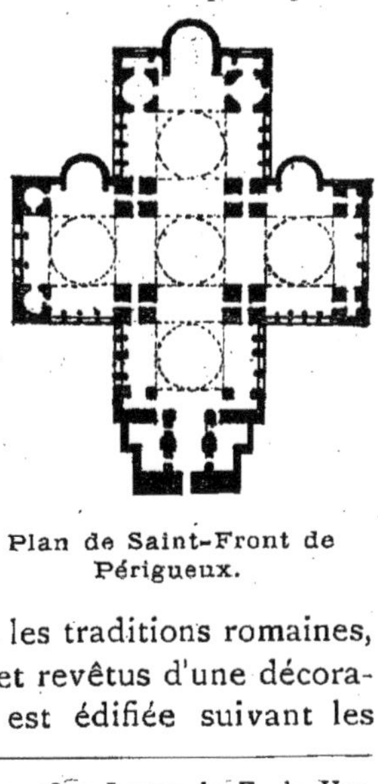

Plan de Saint-Front de Périgueux.

Dans une série d'autres églises de l'Aquitaine et du Périgord, et peut-être dans quelques-unes antérieures à Saint-Front, on utilisa la coupole sur un plan allongé, plus conforme à la liturgie latine, et l'on couvrit de larges nefs sans collatéraux d'une série de coupoles en enfilade. Mais cette superstructure ne s'est pas acclimatée en France où l'on est resté fidèle, à quelques exceptions près, à la forme basilicale.

Il est utile d'insister sur les caractères des voûtes de Périgueux.

Tandis que Saint-Marc est bâti, suivant les traditions romaines, en petits matériaux noyés dans le mortier et revêtus d'une décoration somptueuse, plaquée, Saint-Front est édifiée suivant les

1. V. F. de Verneilh, *L'architecture byzantine en France*, 1852. Lettre de F. de Verneilh à L. Vitet. *Annales archéologiques* de Didron, t. XV, p. 225.
2. J. Quicherat, *Mélanges archéologiques*.
3. E. Corroyer, *L'architecture romane*, p. 264.
4. R. Phrené Spiers, *Bulletin monumental*, n° 3, 1898.
5. Anthyme Saint-Paul, *Histoire monumentale de la France*, pp. 129.
6. M. Brutails prétend que le groupe des coupoles aquitaniques et avuergnates renferme en lui-même sa raison d'être, qu'il se comprend sans influence étrangère,

procédés de la construction romane et d'après les principes syriens, selon M. Corroyer. Elle offre des assises réglées, des arcs et des voûtes bien appareillés, laissant partout voir la pierre et sa structure.

La coupole de Saint-Front peut être considérée comme le type classique de la voûte sphérique sur pendentifs distincts.

Intérieur de l'église de Saint-Front.

L'appareil, un peu gauchement exécuté dans la construction primitive, et malheureusement trop rectifié par la restauration, est clairement apparent à l'intérieur et l'on y voit même la curieuse courbe que dessine, à l'intrados de la coupole, l'extrados des berceaux incidents, lesquels ne sont pas appuyés sur des arcs doubleaux.

L'influence byzantine en Espagne [1].

M. V. Lamperez y Romea, qui a consacré une intéressante étude à l'influence byzantine en Espagne, distingue à ce point de vue trois époques.

De la *première*, l'époque *Wisigothe*, il ne reste guère de vestiges debout. Il est certain que les Goths envahisseurs, qui venaient des rives du Danube, étaient initiés aux procédés de l'architecture de l'Orient, et que d'autre part l'Espagne fut mise en communication dès le VIe siècle avec les Grecs par suite de ses relations commerciales bien connues avec l'Orient.

Il est reconnu par les historiens que les innombrables églises élevées par les Wisigoths le furent selon les formules byzantines. Quelques-uns de ces édifices étaient considérables, comme la chapelle palatine de Santa Maria de Tolède et la basilique de S. Eulalia de Merida. Saint-Jean de Banos, les ruines de l'église de Cello del Griego, San Millan de la Cogulla de Suso, et les restes de l'église de Wamba en Gerticos offrent quelques vestiges de cette époque. Ambroise de Morales décrit en son *Viage Sacro* « Saint-Romain de Hormiga, disposé en croix aux quatre bras égaux, » et le baptistère de Saint-Marc d'Evora, qui était octogone, monté sur colonnes, avec des parois revêtues de marbres et de mosaïques.

La *seconde époque*, ou *époque latine*, comprend le IXe et le Xe siècle. Elle fait suite à l'invasion musulmane, qui amena la destruction de la plus grande partie des monuments Wisigoths. Néanmoins la civilisation qu'inaugurèrent les premiers rois des Asturies fut la continuation de celle des Wisigoths. L'influence byzantine continua à s'exercer au début concuremment avec l'influence latine. M. Lamperez y Romea croit reconnaître la persistance de l'élément byzantin dans l'église de Saint-Michel de Linio, qui, dans la disposition primitive, offrait trois courtes nefs aboutissant à

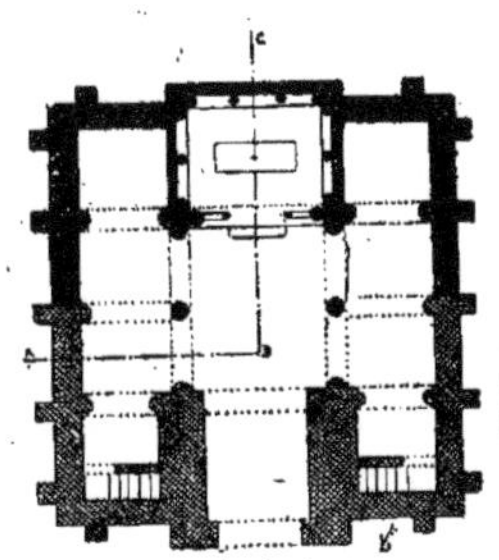

Saint-Michel de Linio [2].

1. D. Vincent Lamperez y Romea *El. Byzantinisma de la Arquitectura cristiana española*, Madrid, 1900. — V. *Bull. de la Societad española de excursiones*, 1900.
2. D'après M. V. Lamperez y Romea.

trois absides carrées ; la nef médiane, de deux travées seulement, formait, à la manière byzantine, comme un noyau central posé sur arcades, voûté en berceau, émergeant des bas-côtés ; ceux-ci étaient enfermés dans un périmètre à peu près carré, d'où s'élevait un vaisseau en croix d'allure pyramidale.

Un autre monument de cette espèce est Sainte-Marie de Lebena, édifiée dans le premier tiers du Xe siècle. Elle offre aussi un plan carré, subdivisé en neuf travées voûtées à superstructure pyramidale, auquel s'ajoutent les trois absides rangées. Ce sont bien là des dispositions byzantines plutôt que latines.

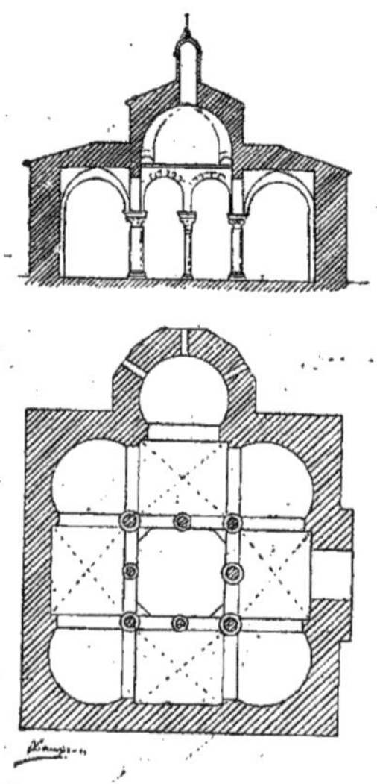

Saint-Michel de Tarrasa.

Il en est de même de Saint-Michel de Tarrasa, sans doute un ancien baptistère, bâti sur un plan carré dans lequel s'inscrivent (IXe siècle). Dans les quatre bras d'une croix grecque, l'un d'eux prolongé en abside. Ici le caractère byzantin s'accuse davantage par la coupole qui couvre le carré central porté sur des arcades que soutiennent huit colonnes distribuées sur les côtés du carré. Les trompes qui amortissent la coupole donnent la transition avec l'époque suivante.

La *troisième époque* est marquée par la renaissance architecturale qui distingue le XIe siècle ; c'est l'époque romane (XIe et XIIe siècles). Elle se caractérise par l'emploi de la coupole adaptée à des plans plutôt latins, et cet élément oriental, qu'on serait disposé à considérer comme émanant de Venise, ou de Périgueux et de l'Aquitaine, doit, selon M. Lamperez y Romea, être considéré plutôt comme une importation directe du Levant à la suite des croisades. Les Templiers acquirent en Espagne une influence considérable, et l'on sait que leurs *temples* s'inspiraient du type oriental du Saint-Sépulcre. De leur côté les relations commerciales multiplièrent les importations artistiques byzantines qui se firent jour d'une part par Venise, Gênes et le Midi de la France, d'autre part par Constantinople, la Sicile et la

Calabre. Les Bénédictins eux-mêmes, les grands artisans de l'art de cette époque, transportèrent du Mont Cassin en Espagne des artistes byzantins.

Enfin les coupoles du Midi de la France ne sont pas sans influence sur les coupoles centrales de la Catalogne, témoins celle de Saint-Juan et celle de las Abadesas, consacrée en 1150, qui offre un plan en croix grecque, aux bras englobés dans une vaste abside avec absidioles et traversé par deux rangées d'arcades. On peut encore citer Sant-Pierre et Saint-Paul de Barcelone, Saint-Nicolas de Gerone, Saint-Paul et Saint-Jean d'Abazedos, Sainte-Eugénie de Busa, Saint-Michel de Olerdula, Sainte-Marie de Tarrasa, et l'abbatiale de Silos (1041-1073), qui forme la transition entre le bassin de l'Ebre et celui du Douro, et, dans cette dernière région, Saint-Quirice près de Burgos, Saint-Jean de Soria, Saint-Martin de Fromista (Palencia).

En suivant le courant du fleuve on rencontre Salamanque, Toro et Zamora. La limite de cette zone d'influence est marquée par Saint-Pierre de Camprodon (Gerone), le cathédrale de Jaca, Sainte-Croix de la Seros l'église cathédrale de Loarre (Huesca), Saint-Esteban et la Vraie Croix de Ségovie, citée plus haut.

Il est à remarquer que la coupole de Saint-Quirice offre une structure qui rappelle le palais de Sarvistan en Perse, et que les coupoles à lanterne de Salamanque, de Toro et de Zamora semblent inspirées directement de Byzance et diffèrent nettement de celles du Périgord.

FIN.

TABLE DES MATIÈRES.

Imprimé par Desclée, De Brouwer et Cie. LILLE — PARIS — BRUGES.

www.ingramcontent.com/pod-product-compliance
Ingram Content Group UK Ltd.
Pitfield, Milton Keynes, MK11 3LW, UK
UKHW031919260826
14628UKWH00003B/1285

9 782329 032351